El teatro esp

José García Templado

Colección: Biblioteca Básica
Serie: Literatura
Dirección editorial: Emilio Pascual

Diseño: Narcís Fernández
Maquetación: Carlos Pardo
Edición gráfica: Teresa Alonso
Coordinación editorial: Elena Gómez

Coordinación científica: Ángel Basanta
(Catedrático de Lengua
y Literatura Españolas)

Primera edición: marzo 1992

I.S.B.N.: 84-207-4342-9
Depósito legal: M-4616-1992
Impreso por: ORYMU, S. A.
C/ Ruiz de Alda, 1
Polígono de la Estación. Pinto (Madrid)
Impreso en España - Printed in Spain

Contenido

Imagen de la realidad

EN 1948, Eugène Ionesco, escritor rumano y epígono de la literatura francesa, decidió aprender inglés en 10 días. La fuerza de la publicidad de algunos métodos acreditados le indujo a ello. No aprendió inglés, pero esta experiencia le permitió pensar seriamente en verdades tan universales como que «el techo está arriba y el suelo abajo» o que «la semana tiene 7 días». Al final de sus reflexiones, lo que desgraciadamente quedó claro para él es que el lenguaje está nutrido hasta la saciedad de consignas, de clichés y de automatismos psíquicos irreprimibles. Quizá por eso volatiliza la realidad, y la hace incomprensible e incomunicable. Ésa era la tragedia del lenguaje.

Para dar expresión a esa convicción optó por la forma dialogada que tenía el método de inglés, con sus personajes y hasta con sus mismas frases, aunque desnaturalizadas por su propia dinámica. Así nació *La cantante calva*, un hito en la historia del teatro, en la que no aparece ninguna cantante, y menos calva, pero que vino a exponer el absurdo que los pensadores existencialistas trataban en términos lógicos, y que, al decir de Ionesco, no se podía tratar más que en términos absurdos.

Esta nueva forma de encarar la realidad marcó la frontera entre dos concepciones del teatro que, durante décadas, intentaron penetrar nuestra existencia, ser testimonio de nuestras miserias o ejercer la crítica de situaciones políticas y humanas, surgidas tras el desgarro de dos terribles guerras y las tensiones de la «guerra fría».

Para el teatro la realidad es una, tanto si se deja atrapar como una prolongación de la vida en la escena, identificable por su apariencia, como si busca en el símbolo las claves de su interpretación.

El teatro es arte y es vida. En él cabe desde la escena a la italiana, hasta la dinámica de las manifestaciones. Es imagen de la realidad y la realidad misma.

1. Las convulsiones de la historia

LOS ACONTECIMIENTOS HISTÓRICOS suelen fragmentar el tiempo que vivimos, siempre que supongan un punto de partida de un cambio sustancial en la vida social. Para nosotros, la Guerra Civil (1936-1939) supuso un trauma que alteró el rumbo de la historia. Su importancia trascendió los límites de nuestros propios intereses. Se vio en ella un reflejo de la composición de fuerzas que ideológicamente competían por la hegemonía política en el mundo entero.

Ya son muchas las generaciones que han conocido la Guerra Civil a través de los textos de historia, manipulados inevitablemente en un sentido u otro. Es natural por la falta de un distanciamiento que aporte, hasta donde cabe, una objetividad mayor en el análisis. Sin embargo, el apasionamiento que todavía se observa, tanto en los textos como en los libros de memorias o en las series de televisión, presentados, eso sí, como estudios imparciales, demuestra la vigencia que el hecho histórico y sus consecuencias tienen todavía. Son actualidad.

El teatro, como hecho cultural que extrae su temática de la propia sociedad, se ha manifestado, articulado y evolucionado según las circunstancias políticas y socioeconómicas de cada momento, que han provocado tomas de conciencia y cambios fundamentales. Por otra parte, autores en plena actividad creadora sufrieron los rigores del desastre bélico. Sus vivencias siguen pesando a la hora de conformar sus personajes, de pergeñar un conflicto, de desarrollar una trama. Eso justifica que hayamos dado al calificativo de «actual» esa amplitud de más de cincuenta años que sigue gravitando sobre los escenarios de hoy. Los espectadores nos hemos visto implicados en los conflictos, porque sus autores lo estaban. No han podido separar el hecho social y su propia biografía.

De cómo la historia trascendió al pueblo

«En el día de hoy, cautivo y desarmado el ejército rojo...» Así comenzaba el último parte de guerra. Su emisión produjo temor y desesperación en unos y euforia victoriosa en otros. España seguía escindida y una parte de su tejido social marchó al exilio, con un importante bagaje cultural del que formaba parte el teatro.

El comienzo de la Segunda Guerra Mundial parecía involucrarnos por la división ideológica de las fuerzas en conflicto, pero tras las entrevistas Franco-Hitler y Franco-Mussolini, la neutralidad pareció garantizada, con la única salvedad de la parcial beligerancia anticomunista de la División Azul.

El pueblo habló mucho de la entrevista con Hitler, a la que Franco llegó con más de una hora de retraso. Se dijo que para poner nervioso al Führer. Pero Serrano Súñer, «el cuñadísimo», que asistió a ella, ha aclarado que habría sido temerario un retraso voluntario, y una descortesía imperdonable. No fue, por tanto, la voluntad de Franco, sino la colaboración de la RENFE la que provocó el desfase horario. Se decía que Hitler había comentado: «Prefiero que me saquen un diente a volver a negociar con el gallego».

Dibujo satírico sobre el Pacto de Munich de 1938. Para evitar la guerra, Chamberlain, Daladier y Mussolini cedieron en la cuestión de los Sudetes, pero apenas un año después Hitler invadió Polonia y comenzó la Segunda Guerra Mundial.

De la entrevista con Mussolini dio cuenta en su *Diario* el conde Ciano, yerno y ministro de Exteriores del dictador fascista. Sus opiniones sobre el caudillo hicieron que, terminada la guerra, se prohibiera su publicación, aunque habría sido un *best-seller.*

1943 fue para nosotros un año de inflexión política por la marcha de la Guerra Mundial. La rendición del Afrika Corps de Rommel y del ejército de Von Paulus en Stalingrado debieron de ser determinantes para las decisiones de Franco, aunque para los germanófilos eran retiradas estratégicas. Franco no sólo disolvió la División Azul, sino que quitó oficialidad al saludo falangista. El decreto lo justificaba porque la gente no había comprendido que la mano abierta era un signo de franqueza. Era cierto, la gente ni había captado esa significación, ni se enteró, a pesar del BOE, de que el saludo había dejado de ser oficial. Cuando se aproximaban las dos de la tarde, la gente corría a sus casas, antes de que sonaran los tres himnos cooficiales. Su emisión precedía siempre a las noticias de las dos, que el pueblo seguía llamando «el parte». Ya no solían decir nada si uno no se detenía y levantaba el brazo al sonar los himnos, pero era mejor no tentar al diablo.

La obra del fascismo de H. Grundig. La estela trágica del fascismo se agravó con la violencia desatada por la guerra. La muerte en la retaguardia fue tan frecuente como en el frente.

El final de la Guerra Mundial supuso un aislamiento mayor de España, ya que la ONU recomendó la ruptura de relaciones diplomáticas a todas las naciones. Era la autarquía. Continuaron las cartillas de racionamiento, el hambre canina, el estraperlo, la Fiscalía de Tasas, los nuevos ricos con sus «aigas», la represión y un submundo amparado en la miseria, en el que todo podía tener su imperio, menos la razón. Se curaron solas muchas úlceras de duodeno y enfermedades derivadas de la obesidad, y bajó el colesterol de la gran masa. Pero la anemia perniciosa abonó el campo de la tuberculosis, que entonces era mortal. La organización de colas de abastecimiento y la disputa por el puesto de orden eran la historia interminable. Aunque, por la noche, la «famélica legión» (de todas las clases sociales) admiraba en el cine el ambiente de las comedias españolas de teléfono blanco, como un producto de soñadora fantasía. Así se vio en el No-Do la imagen de Eva Duarte de Perón, Evita, líder de los descamisados justicialistas, a la que siguió el trigo argentino. Quizá a precio exagerado, pero el trigo era trigo. Se vio en Eva la mano abierta de la nación hermana. Fue agasajada y alargó su permanencia en España, tras la visita oficial. El humor malintencionado del

Los nazis buscaron en el pueblo judío el enemigo oculto del pueblo alemán. Los campos de exterminio fueron el teatro de la represión más atroz que un pueblo ha sufrido en el mundo «civilizado».

9

*Las convulsiones
de la historia*

Un espacio abierto
de *Lowry. Después
de «tres años de
guerra, cinco de
posguerra y trece
de pertinaz se-
quía», el pueblo
español tenía que
encontrarse a sí
mismo. Buscó en
el teatro la expre-
sión de sus propios
problemas.*

pueblo sugirió que no se debía a que negociara un nuevo tratado comercial, sino al malentendido de un telegra-
ma de Perón a Franco que decía: «Evita que vuelva».

La marcha de la «guerra fría» hizo que Estados Unidos
viera en el régimen de Franco un potencial aliado contra
el enemigo común. La ONU levantó el bloqueo político
en 1950, y el régimen se afianzó. No sólo comenzaron a
regresar los embajadores, sino que en 1952 recibimos la
primera visita oficial de un presidente, el de Liberia. Su
cara de ébano apareció en el No-Do y en la portada de
periódicos y revistas. La gente se preguntaba: «¿A qué
ha venido éste?». Y el humor carpetovetónico encontró
una posible respuesta: «Habrá oído que esto es una me-
rienda de negros».

Tras la resolución de la crisis ministerial de 1951, se
creó el Ministerio de Información y Turismo, que asu-
mió las competencias de la Delegación de Prensa y Propaganda, y hubo una incipiente apertura. La Iglesia salió
fortalecida de la crisis. A la leve apertura política que el
hecho produjo, le correspondió un recrudecimiento de
la censura moral de los espectáculos. Se decía que Arias
Salgado, el primer ministro del departamento, presumía

de que gracias a él el cielo se estaba llenando de españoles. Ese mismo año de 1951 se produjo la «huelga de los tranvías» de Barcelona, la primera gran huelga de la posguerra, y la última lograda por los viejos cuadros anarcosindicalistas. En el 53 se firma el tratado hispanonorteamericano, con bases incluidas, y comienza a notarse una animación económica esperanzadora.

La primera huelga de estudiantes es convocada por el SEU, tras la represión de la manifestación pro «Gibraltar, español» de 1954, manifestación que había sido promovida oficialmente. En sucesivas manifestaciones de protesta y enfrentamientos con la policía, los estudiantes gritaban: «¡Alarín, alarón, el ministro es un fulano!». Dos años más tarde, la agitación estudiantil acabó con la hegemonía del SEU, que quedó reducido a una comisaría para el SEU. Surgen organizaciones de estudiantes al amparo de partidos en la clandestinidad y la agitación se hará crónica. 1959 es un año importante: visita de Eisenhower, acceso del OPUS al poder y concepción de los planes de desarrollo, que serán financiados por las divisas que proporcionan el turismo y la emigración.

Los años sesenta conocerán el desarrollo industrial y una apertura a los avances científicos y culturales de Occidente. En 1964, con los «25 años de paz», se inicia el Primer Plan de Desarrollo. En el 66 se aprueba la Ley Orgánica y la Ley de Prensa e Imprenta, y en el 68 se concede la independencia a Guinea, se aprueba el Segundo

Las convulsiones de la historia

La vanguardia surgió como un grito antiburgués y revolucionario. Maiakovski titula este cuadro ¡Fuera la burocracia! ¡Viva la iniciativa revolucionaria!. Su sátira de la burguesía y la burocracia subió a los escenarios en obras como La chinche o El baño.

Plan de Desarrollo y ETA comienza su estela de sangre. En Francia, la revolución estudiantil quedará como punto de referencia de la «década prodigiosa». El Mayo del 68 parisino pretendía cambiar la sociedad, según aventuraban sus pintadas, con «La imaginación al poder».

La década de los setenta vio la gran transformación política de España. Franco compartió una parcela de poder que siempre había mantenido desde su exaltación a la Jefatura del Estado, y nombró presidente del Gobierno a Carrero Blanco. Seis meses después, el 20 de diciembre de 1973, éste fue asesinado por ETA. El mismo día se efectuaba la vista del proceso 1.001, contra dirigentes de CC.OO. La década se había abierto con el proceso de Burgos (1970). El Tercer Plan de Desarrollo fracasó por la crisis del petróleo del 73, aunque aquí se notó años más tarde.

El acontecimiento de mayor trascendencia fue la muerte de Franco el 20 de noviembre de 1975. Don Juan Carlos transformó la monarquía prevista en las leyes sucesorias en una monarquía parlamentaria y constitucional que marcó el camino de la transición. 1978 vio promulgada la constitución española más consensuada de nuestra historia. Juan Carlos se convirtió con ella en rey de todos los españoles.

En 1981, la crisis de UCD provoca la dimisión de Adolfo Suárez. Antes de ser nombrado su sucesor en la Presidencia del Gobierno, durante el desarrollo de la sesión de investidura de Leopoldo Calvo Sotelo, se produce el fallido golpe de Estado conocido como el «23-F». La crisis se resuelve con la intervención personal del rey, que se ganó la confianza de la clase política y acabó con las reticencias de la extrema izquierda. Al año siguiente, España ingresa en la OTAN. Las elecciones del 29 de octubre de 1982 dan como ganador al Partido Socialista. Su secretario general, Felipe González, es nombrado presidente del Gobierno. Otro 23-F, el de 1983, pasará a la historia por ser el día de la expropiación de RUMASA, el mayor *holding* que ha conocido la economía española. El recrudecimiento de la actividad terrorista se agravó con la aparición de los GAL (Grupos Antiterroristas de Liberación) en el sur de Francia, en 1984. En 1986 los socialistas logran ganar el referéndum que ratificaba la permanencia de España en la OTAN y nuestra entrada posterior en la CEE. En el 88, se comenzó a hablar de la *perestroica*, que acabaría con la «guerra fría», pero dos años más tarde, en 1990, con la in-

Con los partidos políticos llegó la democracia, «el peor de los sistemas, si exceptuamos los demás», dijo Churchill.

vasión de Kuwait por Irak surge la crisis del Golfo Pérsico, no resuelta totalmente con la guerra capitaneada por EEUU, guerra que enfrentó a la ONU con Irak. La disolución del Pacto de Varsovia y su férrea estructura militar permitió la reunificación de Alemania y la emancipación de las repúblicas bálticas de la URSS, así como una dinámica centrífuga, de la que se ha contaminado Yugoslavia, que amenaza con un cambio radical del mapa político de la Europa comunista.

En España, con las libertades, el humor anónimo deja de tener sentido. Esta circunstancia afectará al teatro. Se abandonan los subterfugios para salvar la censura y esto dejará periclitada la temática que durante décadas animó en particular al teatro independiente.

La monarquía española propició las libertades, que quedaron sancionadas en la Constitución de 1978. El teatro, que había clamado por ellas, sufrió la conmoción del cambio.

2. El mito del avestruz (La añorada calma)

LA TRAUMÁTICA SOLUCIÓN de la Guerra Civil abría una puerta a la esperanza. Durante unos días, por lo menos 15, comimos pan blanco. Los jóvenes que se veían motivados por el triunfo de las armas gritaban en las manifestaciones: «¡No queremos pan de Negrín, que es de serrín!». Pero antes de que nadie se hartase, en un juego implacable de colores, el pan se hizo amarillo, como el maíz con el que se amasaba. Para las gentes de teatro es un color traicionero y de mal agüero. Según la tradición, de ese color vestía Molière cuando enfermó de muerte, en escena. Aquel pan que se endurecía rápidamente anunciaba que las calamidades de la supervivencia no habían terminado y que ¡sabe Dios cuando acabarían!

Ese pesimismo que atribulaba a la gente necesitaba un antídoto para no caer en la desesperación. Era necesario tender un puente para pasar por encima de las desgracias, sin tener conciencia de ellas. El teatro, que había sido durante siglos una caja de fantasía, igual servía para poner en la palestra los problemas, como para evadirse de ellos. En ese momento era importante olvidar.

En 1940, la cartelera de Madrid ofrecía al público 26 comedias, 4 juguetes cómicos y sainetes y 16 revistas y zarzuelas, por una llamada «tragedia comprimida», que no tuvo trascendencia. Quizá destacaron *La Cenicienta del Palace* de Sotomonte, Escobar y Moraleda, revista cuyas canciones popularizó Celia Gámez; *Eloísa está debajo de un almendro*, comedia de Jardiel Poncela; *La florista de la reina*, de Fernández Ardavín, o *Gran Casino*, de Leandro Navarro. Entre los autores que firmaban las obras estaban también Antonio Paso, Ramos de Castro, Muñoz Seca, Muñoz Román y otros, considerados todos autores de teatro cómico. Y junto a ellos, comediógrafos como Claudio de la Torre, Tomás Borrás, María Luisa Linares Becerra (hija de Linares Rivas), Rafael de León, Antonio Quintero, Adolfo Torrado y algunos tan importantes como José María Pemán o Jacinto Benavente, aunque éste, en aquel tiempo, no podía figurar nominalmente en cartel ni en las críticas, por el apoyo que en su momento había dado a la República.

El valor crítico de las comedias era prácticamente nulo. Oscilaban entre el melodrama de final feliz y la comedia de salón, y salvaban generosamente la posible injusticia social que la división de clases podía plantear con convencionales procedimientos dramáticos: anagnórisis, matrimonios o mutis que dejaban incólume la estructura social y satisfacían el sentimentalismo desbordado con sus temas. Quizá el mejor ejemplo sea *Chiruca*, de Adolfo Torrado, estrenada en 1941. Situó en la cúspide de la popularidad a Isabelita Garcés, la actriz que encarnaba a la desvalida protagonista, una bellísima criada que por amor accede al gran mundo. Acaba siendo magnánima millonaria por herencia y *La duquesa Chiruca* por matrimonio. La segunda parte, que llevaba el título citado, no tuvo el mismo éxito. Ni siquiera alcanzó el de *La madre guapa*, también de Torrado; y también, como *Chiruca*, fue llevada al cine. La popularidad alcanzada hizo que se hablara de *torradismo* para denominar este teatro de evasión de la primera posguerra.

La hora del golf *de R. Vicent. El gran mundo subió a los escenarios. Un teatro de evasión era la fórmula para olvidar las calamidades de una guerra.*

Por rutas imperiales

Aunque el deseo de olvidar los problemas acuciantes hizo proliferar el teatro de entretenimiento, que recogía el tradicional teatro burgués de antes de la guerra, no se olvidaron las posibilidades propagandísticas que el teatro ofrecía y, como una réplica al «teatro de urgencia», desarrollado durante la guerra, surgió el oportunismo y algunos autores introdujeron temas que apoyaban las tesis ideológicas de los triunfadores. Con su afán de situar «arriba a España», se buscó en el pasado el momento de mayor esplendor y se fijó como meta emular la grandeza imperial del reinado de los Austrias. Era una intención acorde con la política imperialista de Italia, Alemania y Japón, que se había traducido en logros expansionistas apoyados por la fuerza de las armas.

En España se creó el Teatro Nacional de la Falange, encaminado a mantener vivo el teatro de nuestro siglo de oro, mediante una actuación permanente de compañías oficiales y oficiosas, en el Teatro Español. Poco después, el Español y el María Guerrero pasarían a convertirse en teatros nacionales.

Críticos como Torrente Ballester o Manuel de Montoliú apuntaron la necesidad de un teatro de carácter épico-patriótico que recogiera el derrochado heroísmo de la generación que había hecho la guerra, y que era heredero del espíritu imperial. No se consolidó una dramaturgia basada en estos principios. Quizá por el maniqueísmo a ultranza que inspiraban estas obras, o quizá porque el deseo de evasión era más fuerte que la preocupación patriótica. No obstante, aparecieron algunas obras como *El compañero Pérez* de Rafael López de Haro, *Los que tienen razón* de J. Pérez Madrigal o *Aves y pájaros* de Benavente, escrita para que se levantase la censura que sobre él había caído. Junto a este tipo de piezas, las de tema histórico, que se habían iniciado antes de la guerra, contaban con el antecedente del teatro histórico modernista. Quizá encubrieran una intención propagandística, pero no pretendían enfrentarse al teatro comprometido del bando republicano.

Siguiendo la trayectoria de sus piezas históricas de anteguerra —*El divino impaciente, Cuando las Cortes de Cádiz* y *Cisneros*—, José María Pemán estrenó *La Santa Virreina* (1939), *Por la Virgen Capitana* (1940) y *Metternich* (1942), en las que se defienden algunos principios

Emular la grandeza de la España imperial fue una aspiración política. El Teatro Nacional de la Falange tuvo como cometido revivir nuestro teatro clásico, del que don Juan era un paradigma insoslayable. Figurín para Don Juan.

como el de autoridad, la unidad e independencia de la patria, la confesionalidad cristiana del Estado y el heroísmo, vinculados a la ideología de los vencedores, pero evolucionará más tarde. Ya en *Metternich* desvía la atención hacia los problemas más íntimos del personaje en su condición de individuo con responsabilidades públicas en conflicto con sus propios sentimientos. Junto a la figura señera de Pemán, aparecen otros como Sebastián Lladera con *Un capitán español*, Luis Rosales y Luis Felipe Vivanco con *La mejor reina de España*, o el jesuita Ramón Cue con su poema dramático *Y el imperio volvía*, en el que se extralimita en su entusiasmo al sacar a Franco junto a Colón o los Reyes Católicos, aunque advierte que es una figura que podría ser sustituida por otra si se representa la obra, por respeto al jefe del Estado. Sólo la maestría de Pemán y su progresiva asepsia propagandística salvó al género del naufragio total.

Cristóbal Colón abrió las rutas de un nuevo imperio y un nuevo mundo. Colón en la Rábida *de Vázquez Díaz.*

La ruta del teatro histórico

Pemán escribió una letra a nuestro himno nacional que terminaba:

Gloria a la patria que supo seguir,
sobre el azul del mar,
el caminar del sol.

Aunque nuestras realidades imperialistas eran africanas, fue la estela de los mares la que marcó la ruta del imperio español de los Austrias. La nave del Estado fue cambiando su rumbo, tomando otra ruta, según se producían los acontecimientos internacionales. El teatro no fue ajeno a este cambio de rumbo. Los restos de los imperios decimonónicos fueron cayendo paulatinamente. Y la idea de imperialismo no se asociaba a la de grandeza, sino a la de opresión.

El teatro histórico subsistió, pero los conflictos dramáticos no buscaban la glorificación del pasado, sino el

Mapamundi del año 1579, realizado por Ortelius Abraham. El nuevo mundo no solamente ampliaba el orbe conocido, sino también las posibilidades de los temas históricos. No obstante, nuestra épica no halló el gran poema que la historia merecía.

18

análisis del drama personal. Así Pemán, en 1958, estrena *Felipe II, soledades del rey*. El tema desarrolla las relaciones de Felipe II y su hijo, el príncipe don Carlos: el conflicto humano que genera ser padre y rey. Este fecundísimo tema ha llegado hasta nuestros días en obras como *La tragicomedia del serenísimo príncipe don Carlos* de Carlos Muñiz, cuyos valores críticos se suponen vivos.

Al no tener vigencia la exaltación imperialista, los temas ya no tenían por qué estar vinculados a nuestro siglo de oro, fundamentalmente. Así surgieron éxitos como *El amor es un potro desbocado* (1959) de Luis Escobar, que revivía los amores juveniles del Cid, o *¿Dónde vas, Alfonso XII?* (1957) y *¿Dónde vas, triste de ti?* (1959), en los que Juan Ignacio Luca de Tena unió a su reconocida técnica dramática, la sensiblería nostálgica con la que se popularizó la tragedia de la muerte de la reina María de las Mercedes. Más consistencia y seriedad tenía el drama de Joaquín Calvo Sotelo *El proceso del arzobispo Carranza* (1964).

La ruta del teatro histórico

El mapa del imperio marcó la derrota, la deriva del rumbo, del teatro histórico, que dejó de ser exaltación de las hazañas para cobijarse en los problemas humanos y, más tarde, en los políticos y sociales.

La ruta de la ideología triunfal

También la ideología del 18 de julio, triunfante en el conflicto bélico, varió su rumbo al socaire de la «guerra fría». El maniqueísmo que reunía al servicio del mal no sólo a las fuerzas políticas de izquierda, sino también a los liberales y agnósticos, concentró frecuentemente su anatema en los principios comunistas, que aparecieron como el origen de todo mal. No obstante, ya no se trata de simples espectáculos de «agit-prop» (agitación y propaganda), aunque tengan sus raíces en la guerra. Los conflictos pasan a ser humanos antes que políticos. Sirva como ejemplo *Callados como muertos* de Pemán.

Aunque el bien se sitúa siempre en las actitudes conservadoras y de nobleza de sangre, a veces necesita irra-

Cartel soviético titulado Acuérdate de los hambrientos. *Después de una década de evasión de la muerte y la penuria, el público estaba preparado para ver en el arte escénico la expresión de sus problemas más inmediatos, lejos de triunfalismos.*

cionales manipulaciones de complicadas tramas, como en *El cóndor sin alas* (1951) de J. I. Luca de Tena. Más interesante resulta, por la originalidad de su punto de vista, *Murió hace quince años* de José Antonio Giménez Arnau. Fue escrita como contratesis, o mejor, tesis complementaria, de la formulada por Benavente hacía años para hacer méritos: «El que nace rojo lo es toda su vida, aunque, por las circunstancias, procure disimularlo». El que es de buena sangre, parece proponer Giménez Arnau, siempre lo será, aunque haya sido sometido a un lavado de cerebro y a un entrenamiento sádico-criminal por las alimañas comunistas. El protagonista, uno de los niños enviados a Rusia en el 36, regresa con la misión de matar a un general policía que resulta ser su propio padre. Entrenado en el paraíso comunista como hombre de acción, a su vuelta a casa escandaliza a su vieja aya. Le cuenta como en las prácticas de tiro les hacían disparar contra un Cristo con el fin de afianzar su ateísmo. Llegado el momento, su naturaleza le impide realizar la misión. La obra fue galardonada con el Premio Lope de Vega de 1952.

La ruta de la ideología triunfal

La adaptación de los escritores a las circunstancias es algo universal, que no siempre es claudicación. Alexei Tolstoi (abajo), huido de la revolución rusa, se reconcilió con ella y llegó a ser premio Stalin.

La censura

El teatro, por ser un medio de comunicación de masas, fue sometido a una estricta censura, ejercitada al principio por la Delegación de Prensa y Propaganda. Primero se combatieron las ideas políticas. Antes de terminar el primer año de guerra, 4 de septiembre y 24 de diciembre de 1936, se dictaron dos órdenes prohibiendo cualquier material impreso «de tendencia socialista, comunista o libertaria». En la segunda se incluía también la pornografía. La censura era previa y afectaba tanto a la edición como al montaje de las obras.

Sin una legislación clara, se cursaron instrucciones y circulares tan numerosas y contradictorias, a veces, que lo único que los censores tenían claro era que tenían que censurar. La estructura jerárquica funcionaba para la censura, pero no para las autorizaciones, que podían ser anuladas por los inferiores, hasta la autoridad local. Con la creación en 1951 del Ministerio de Información y Turismo el teatro pasó a depender de él, así como las Juntas de Censura de Obras Teatrales. Con el cambio y la apertura experimentada, la censura política se mitigó un poco, pero se agravó la moral. Se prohibió, por ejemplo, que las compañías de revistas actuaran en ciudades de menos de 40.000 habitantes. Lo que hizo que estas *troupes* cambiasen su rótulo anunciador por el de «compañías de comedias musicales».

Con la Ley de Prensa e Imprenta de 1966 llegó lo que humorísticamente se llamó «la primavera de Fraga». Se suprimió la censura previa para la edición, pero los montajes siguieron controlados. Hubo ocasiones en las que las exigencias censoras rayaron en la estupidez. Cuando se iba a estrenar *Un soñador para un pueblo*, de Buero Vallejo, sólo se les obligó a cambiar una frase: «¡Vos en el Pardo!». Buero la sustituyó por «¡Vos aquí!». El actor que debía decirla tenía buena memoria. No obstante se le recordó insistentemente para que no la olvidara («¡Vos aquí!», «¡Vos aquí!»). Y no la olvidó. Llegado el momento, exclamó: ¡Vos aquí, en el Pardo!». La expresión de susto la vivió, no la interpretó. Lo mismo que autor y director, por lo que se les venía encima. Y, sin embargo, no pasó nada.

libertad
de expresión

3. La obra bien hecha

LA ESTRUCTURA DE LA OBRA TEATRAL está sometida a una serie de reglas que dominan el desarrollo de la acción. Las tres fases de planteamiento, nudo y desenlace, que movieron posiblemente a Lope de Vega a reducir a tres el número de jornadas de las comedias del siglo de oro, necesitan alternar momentos de tensión, o clímax, con escenas reflexivas, o anticlímax, y mantener el interés con el planteamiento de problemas de solución incierta por la introducción de peripecias. La dosificación de tales ingredientes, la creación de caracteres y la lógica de las motivaciones que dinamizan la acción es lo que se llama «carpintería teatral». Si al dominio de esta técnica se une la calidad literaria y el buen gusto, se habrá conseguido «la obra bien hecha».

El teatro tradicional basó en este concepto la calidad escénica y prescindió de la idea del teatro como factor esencial del cambio social. La crítica que ejerce, porque también es escuela de la vida, irá dirigida a actitudes individuales que originan el mal por desviarse de los principios latentes en la situación social establecida.

El teatro así concebido ha llenado los locales comerciales de todos los tiempos y todas las latitudes. La empresa teatral ha buscado el halago y la diversión de la burguesía, que, a fin de cuentas, es la clase social que puede sostener económicamente con su asistencia a los espectáculos las empresas teatrales. De la misma manera, busca en el sentimentalismo y la vena cómica el incentivo que arrastre al pueblo llano.

Los actores fueron conscientes de ello y se especializaron en esos dos grandes bloques resultantes de actores dramáticos y actores cómicos, aunque sus actuaciones no estuvieran dirigidas a una determinada clase de público. Ésas eran miras propias de los empresarios que propiciaban el montaje de cada espectáculo.

La alta comedia

Llega a la posguerra de la mano de Jacinto Benavente, y es la modalidad más representativa del teatro burgués. Se había convertido en una ficticia crónica de sociedad en la que era posible el reconocimiento de personalidades del gran mundo, por su conducta o sus circunstancias vitales. La frase aguda que da viveza al diálogo fue una característica impuesta por Benavente. Era una agudeza que él practicaba en la vida real. Repentizaba con gran facilidad la frase justa para dominar la situación. Cuentan que cierto día se encontró con un conocido crítico detractor suyo en el umbral de la puerta de un teatro madrileño. Ninguno de los dos parecía dispuesto a ceder el paso. Viendo que la situación se alargaba unos

Esta ilustración de Blanco y Negro *nos sitúa en el ambiente preferido de la alta comedia.*

segundos, su rival le espetó: «Yo no cedo el paso a ningún mariquita». Benavente reaccionó en el acto. Se apartó y con un gesto de irónico respeto, contestó: «Yo sí, pase usted».

Esta facilidad para improvisar salidas ingeniosas salpicó sus comedias de divertidas situaciones que hicieron las delicias del público burgués, aunque a veces apreciaran la mordacidad en sus palabras.

La mayor parte de las comedias que estrenó después de la guerra sitúan las acciones en escenarios propios de las clases altas: *Al fin mujer* (1942), *Al amor hay que mandarle al colegio* (1950), *Caperucita asusta al lobo* (1952), o *El marido de bronce* (1954), su última obra. Pero ya no tenían la frescura y viveza de *El nido ajeno* (1894) o *Rosas de otoño* (1905), ni la maestría de la farsa de *Los intereses creados*, ni la grandeza de la tragedia rural de *La malquerida*, una verdadera obra maestra.

La alta comedia o comedia de salón es una supervivencia decimonónica. Se inició con El hombre de mundo *de Ventura de la Vega. Interior de L. Campbell nos introduce en su originaria realidad ambiental.*

Comedias «a noticia» y «a fantasía»

Bastantes dramaturgos adscritos a este teatro convencional han sido deudos de la facilidad dramática de Benavente. Durante los años 40 y 50, autores como Claudio de la Torre, Edgar Neville, Víctor Ruiz Iriarte, Agustín de Foxá, José López Rubio, a los que en la segunda década mencionada se unirán otros como Juan José Alonso Millán, Jaime Salom, Jaime de Armiñán, Alfonso Paso o Carlos Llopis, cultivaron, junto con otros géneros, esta comedia de salón que en su versión cinematográfica se conocía como «de teléfono blanco».

Aunque la comedia no es un género fuertemente codificado, es decir, que responda a un esquema fijo, como la novela policíaca tradicional, por ejemplo, se pueden observar dos modalidades en esta alta comedia que sugieren la clasificación que del teatro hizo Torres Naharro, como indica el epígrafe.

Comedias «a noticia» serían aquéllas que se producen a manera de crónicas de sociedad, que buscan sus conflictos dramáticos en triángulos amorosos, irregularidades económicas, desavenencias conyugales o generacionales, frivolidad de la vida cotidiana, perversión, etc., etc., que reflejan actitudes y comportamientos de las clases sociales altas. Responden a un código de honor que

Este bodegón ruso nos acerca al rasgo realista que la alta comedia ha mantenido siempre para simular la perspectiva de una realidad social.

Los subgéneros dramáticos no se excluyen en la cartelera, sino que se simultanean. Como muestra de teatro histórico viene a esta página un proyecto de decorado para Beckett o el honor de Dios *de Anouilh.*

quiere mantener su prestigio de clases dominantes como justificación de sus privilegios. Dramática o jocosamente, a estos planteamientos responden obras como *La vida privada de mamá* de Ruiz Iriarte, *Celos del aire* de López Rubio (galardonada en su reposición con el Premio Mayte, 1991), *Una muchachita de Valladolid* de Joaquín Calvo Sotelo, *La viudita naviera* de José María Pemán, *Dos mujeres a las nueve* de J. I. Luca de Tena, *Juicio contra un sinvergüenza* de Alfonso Paso, y, posiblemente, la mayor parte de las obras de autores españoles estrenadas en los escenarios comerciales.

Comedias «a fantasía» serían aquéllas en las que el desarrollo de la acción se debe a un factor insólito e inverosímil que escamotea la realidad. Se crea así un mundo poético alentado por la demencia o la simple fantasía, que no siempre oculta la miseria o el destino cruel.

Esta circunstancia apoya, en los ambientes del gran mundo, la aspiración burguesa de la búsqueda de la felicidad, aun a costa de anestesiar la conciencia para no percibir la realidad. Son obras generalmente bien construidas, dignas representantes de la «pieza bien hecha». Citemos *El baile* de Edgar Neville, *La venda en los ojos* de López Rubio, *El landó de seis caballos* de Ruiz Iriarte o *Los árboles mueren de pie* de Alejandro Casona, también fundamentada en esta dialéctica entre ilusión y realidad.

El humor

El teatro de humor ha tenido un gran arraigo en España. Es difícil discernir el teatro destinado exclusivamente a hacer reír, que generalmente denominamos cómico, de aquél cuya comicidad comporta un valor crítico. Parece que toda situación cómica conlleva la posibilidad de una reflexión crítica, por lo que englobaremos bajo el epígrafe de «teatro de humor» aquellas obras en las que la risa o la sonrisa son una constante que domina otra consideración, aunque sólo sea un medio y no un fin.

En los años de preguerra dos corrientes o modalidades de humor dominaron los escenarios: el género, a veces chocarrero, del *astracán* de Pedro Muñoz Seca, que marcó unos procedimientos técnicos de la comicidad. Pongamos como ejemplo las analogías homofónicas con títulos, marcas o frases hechas («¡Qué verde era mi padre!»). Y el humor popular sainetesco y tragicómico de Carlos Arniches, que tanto tuvo que ver con el enriquecimiento del lenguaje castizo madrileño.

Dos nombres dominan esta modalidad teatral, Jardiel Poncela, que había iniciado su carrera de dramaturgo

La alta comedia y el teatro de humor deben mucho al vodevil y a la agudeza del teatro psicológico francés. Los recién casados del Havre *de A. Salacrou, por R. Dufy.*

antes de la guerra, y Miguel Mihura, cuyos estrenos se han fechado todos en la posguerra.

Enrique Jardiel Poncela creó un estilo dramático propio basado en la conflictividad de lo inverosímil. Su pasión por lo irracional como alma de lo poético chocó en el teatro con el concepto de viabilidad dramática, que exigía ciertas concesiones a la lógica y a la técnica. En contra de la actitud tomada por Valle-Inclán, que prefirió renunciar a ver en pie sus obras, Jardiel se esforzó en dar explicaciones, en acomodarlo todo a la ley de la causalidad. Malogró, hasta cierto punto, planteamientos que habrían sido geniales de no haber sido resueltos a satisfacción del respetable.

El factor crítico de su teatro no aparece en cuestiones políticas, que soslaya siempre, sino en el desquiciamiento de un mundo en el que la locura y el disparate forman parte de su propia esencia, y son aceptados con la mayor naturalidad por los personajes que forman parte de él.

Fiel a su teatro, no parece que hubiera sufrido la guerra. No hay corte en su técnica, ni en sus problemas. Hay continuidad desde *Usted tiene ojos de mujer fatal* (1933), *Cuatro corazones con freno y marcha atrás*

Jardiel Poncela fue en la escena el paladín de lo inverosímil, desde Usted tiene ojos de mujer fatal *hasta sus últimas producciones. A veces fuerza los conflictos a la lógica de la causalidad.*

(1936), *Eloísa está debajo de un almendro* (1940), *Los ladrones somos gente honrada* (1941), *Los habitantes de la casa deshabitada* (1946), hasta *Los tigres escondidos en la alcoba* (1949), su última obra. Algunos títulos fueron llevados con éxito al cine. Él se encargó del guión. No en balde fue uno de nuestros escritores contratados en Hollywood. Para Jardiel el humor era «el zotal de la literatura».

Miguel Mihura fue el creador del humor que caracterizó una época. Fundó *La Codorniz*, «la revista más audaz para el lector más inteligente». Un nuevo sentido del humor irracional dominaba la publicación. Era la forma en que el absurdo de la vida, postulado por el existencialismo, afloraba en nuestro ámbito. El humor *codornicesco* es el que subyacía en *Tres sombreros de copa* (1932), que no fue estrenada hasta 20 años después de ser escrita, cuando este tipo de humor se había impuesto a través de la revista.

Mihura formaba parte del grupo de escritores españoles contratados por los estudios de Hollywood para realizar las versiones españolas de los filmes. Vivía su vida con el mismo sentido del humor que se advertía en sus

Dirigida por José Carlos Plaza

José Carlos Plaza conjura los amables fantasmas de Jardiel para hacerlos subir de nuevo a los escenarios. En 1984, el del María Guerrero de Madrid vio sobre sus tablas Eloísa está debajo de un almendro.

31

El humor

El humor innato de Miguel Mihura le hizo descubrir el lado cómico de situaciones a veces trágicas, como la del exilio en Ninette y un señor de Murcia, *obra a la que pertenece esta escena.*

escritos. Cuentan que en el restaurante en el que desayunaba a diario pedía como aperitivo un plato de natillas bien azucarado, natillas que siempre dejaba intactas. Intrigado el camarero, le inquirió por qué las pedía si luego no las tomaba. Él contestó con toda naturalidad: «Es que no las pido para mí, las pido para las moscas».

Terminada la guerra realizó una serie de trabajos en colaboración: *¡Viva lo imposible!* (1939) con Calvo Sotelo, *Ni pobre ni rico, sino todo lo contrario* (1943) con Tono, *El caso de la mujer asesinadita* (1946) con Álvaro de la Iglesia. Pero fue a partir del estreno de *Tres sombreros de copa* (1952) cuando se dio su época más fecunda: *A media luz los tres* (1953), *Sublime decisión* (1955), *Melocotón en almíbar* (1958), *Maribel y la extraña familia* (1959), *Ninette y un señor de Murcia* (1964), entre otras. Fueron grandes éxitos en el teatro y en el cine. Sin embargo, el poder crítico, corrosivo y existencial de *Tres sombreros de copa* ha desaparecido. Se amoldan al gusto burgués.

Tres sombreros de copa ha constituido un hito en el teatro español. Pone en la picota no sólo defectos y extravagancias individuales, sino el absurdo de todo un sistema de vida. Escapar de él es sólo una fugaz ilusión.

La libertad, simbolizada en los tres sombreros, supone la inseguridad, el peligro, el porvenir incierto, pero quizá también la felicidad. Una simple vacilación nos hace perder la oportunidad. Dionisio, el protagonista, con un sentimiento de frustración, cumple finalmente con su compromiso social integrándose en el sistema a través del matrimonio.

Ionesco elogió esta obra. Uno de sus personajes, el protagonista de *Jacobo o la sumisión*, pasará por la misma circunstancia que Dionisio, ratificará su sumisión, su condición de integrado, al pronunciar una frase simbólica: «Me gustan los huevos con *bacon*».

Como Jardiel y Mihura, otros dramaturgos se ciñeron al teatro de humor. Así, los ya citados colaboradores de Mihura, Tono y Álvaro de la Iglesia, como antes de la guerra lo hicieron Vital Aza y Pérez Zúñiga; pero la significación de dicho teatro está ligada a estas dos figuras señeras que han marcado la pauta.

Escena de Tres sombreros de copa, *obra que ha constituido un hito en el teatro español. Comentada siempre y montada con frecuencia, tardó veinte años en ser estrenada. En 1983, José Luis Alonso volvió a dirigirla en el teatro María Guerrero.*

33

4. Toma de conciencia

EN MEDIO DE LA INTRASCENDENCIA de un teatro que quería olvidar la amargura de los problemas de todo tipo en una España maltrecha después de tres años de guerra y una dura autarquía, surgió el grupo Arte Nuevo en los ambientes universitarios. Alfonso Paso, Medardo Fraile, José Gordon, Carlos José Costas, José Franco, José María Palacio y Alfonso Sastre fundaron este grupo al que se unieron algunos otros jóvenes que sentían «náusea» ante el teatro de evasión y exaltación patriótica que en esos momentos se hacía en España y que nada tenía que ver con la realidad. Era sin duda el primer aldabonazo sobre la misión irrenunciable que el teatro debía jugar como hecho cultural de una sociedad en conflicto, que se debatía en una profunda crisis económica e ideológica, aunque la censura impidiera su manifestación.

Su funcionamiento fue efímero y reducido al ámbito de facultades y colegios mayores. Ha quedado, no obstante, como muestra de su actividad, la edición de un volumen que recoge algunas piezas de carácter realista bajo el título de *Teatro de vanguardia*.

Cargo de conciencia

El cargo de conciencia como móvil de un conflicto dramático, que no siempre es un sentimiento de culpabilidad, explora las relaciones humanas sin hacer proselitismo de una ideología. No se trata, pues, de un teatro comprometido que pretenda una reforma de las estructuras sociales, sino una crítica de actitudes inmorales que la situación establecida, el sistema, puede favorecer.

Este teatro, que no renuncia a «la obra bien hecha», pero que aspira a provocar una reflexión moral que forme nuestra conciencia, dio interés al teatro comercial, que recuperaba así su protagonismo cultural en lo que se conoce como escuela paralela de la vida. Un fecundo terreno para la inspiración dramática.

Pedro Laín Entralgo aportó esporádicamente obras como *Entre nosotros*, más como una apoyatura de tesis filosóficas (en este caso antisartreanas) que como una actividad fundamentalmente dramática. *Las monedas de Heliogábalo* de Marcial Suárez abordaba problemas del poder tiránico, la soledad de quien lo ejerce y la crueldad que en él provoca la estupidez del mundo que lo rodea. Con implicaciones claramente cristianas y bíblicas aparecieron piezas como *El silencio de Dios* de Julio Manegat, *La ciudad sumergida* de Juan Germán Schroeder, o *Fuera es de noche* de Luis Escobar. Problemas generacionales abordaba Ana Diosdado en *Olvida los tambores* y *El Okapi*. José María Pemán abordó el conflicto entre el poder público y el deber subjetivo en *Callados como muertos*. Y Emilio Romero, con una perspectiva dialéctica y polémica, escribió *Las ratas suben a la ciudad* y *Sólo Dios puede juzgarme*. No quedaban eliminados los problemas generados por la Guerra Civil, antes bien, apeados de intenciones propagandísticas, se buscaban nuevos puntos de vista. Así ocurría con *La casa de las Chivas* de Jaime Salom. Pero la figura más representativa de este teatro, también llamado «de ideas», es Calvo Sotelo.

Cargo de conciencia

Éxodo, *aguafuerte de 1937, en plena Guerra Civil española. Los efectos de la guerra han sido el origen de numerosos conflictos dramáticos. Fueron aprovechados por el «teatro de ideas», que quiso ser ajeno a las miras partidistas de los bandos beligerantes.*

Joaquín Calvo Sotelo

Sin renunciar a sus principios, ni a su ideología, Calvo Sotelo abordó problemas inspirados en situaciones posibles de la realidad española de su tiempo. Junto a ese teatro de evasión, mencionado ya, consiguió obras de interés con temas candentes como *Garrote vil a un director de banco*, en las que critica la sociedad capitalista, pero acaba señalando como único culpable de los males al propio dinero, por lo que un cambio de la estructura social sería inútil. En *Criminal de guerra*, plantea el problema del deber militar frente a razones particulares.

Pero es, sin duda, *La muralla* (1954) la obra más característica de este teatro y el mayor éxito de su autor. La noche de su estreno tuvo que salir 28 veces a saludar. El conflicto que desarrolla la obra tuvo su origen en un hecho fraudulento producido en plena guerra, al entrar las tropas nacionales en Badajoz. Con los arreglos de un oficial de notarías, don Jorge Hontanar, oficial del ejército de ocupación, usurpa la herencia de su padrino a un hijo natural del mismo, a favor del cual había testado. Quince años después, tiempo de la acción, la hacienda ha dado una situación de privilegio a la familia del actual titular. Un ataque al corazón, y el consejo del cura del pueblo, impelen a don Jorge a intentar la restitución. Pero, como dice el propio autor, «el fariseísmo y el egoísmo» familiares y casi sociales levantan alrededor esta metafórica mu-

Un accidente de Lowry. En esta obra el autor quiso dar carácter colectivo a la tragedia individual. El teatro realista trató de hacer lo mismo convirtiendo en símbolos representativos a determinados tipos populares.

ralla que da título a la obra. A punto de exhalar su último suspiro, tras una violenta discusión familiar, que señala el clímax de la obra, don Jorge exclama: «Perdóname, Señor... Tú sabes que yo he querido... vencer... la muralla».

La posibilidad de situaciones similares en el origen de algunas fortunas en todos los niveles sociales hizo apasionante y polémico el tema. A su popularidad contribuyó la querella por plagio que los herederos de don Joaquín Dicenta interpusieron contra Calvo Sotelo por las coincidencias habidas con *La confesión*. La sentencia fue absolutoria. El planteamiento era diferente. En la obra de Dicenta, el protagonista es un agnóstico, por lo que el problema de conciencia no tenía fuerza, ni la trascendencia que da la convicción religiosa, y accede a la confesión únicamente por la insistencia de sus familiares. Y son éstos los que, enterados de las consecuencias que la confesión iba a tener, mienten al cura diciéndole que el moribundo había vuelto por sus fueros.

Plantear en los años cincuenta la corrupción de los vencedores, aunque individualizada, suponía un valor inusitado. La trascendencia de la obra fue grande. Al producirse la quincuagésima edición, las representaciones habían superado las 5.000, y había sido traducida a varios idiomas. Su éxito constituye un hecho sociológico que habrá que estudiar, ya que se produjo también en el extranjero y no siempre contó con la veteranía y el buen hacer de Rafael Rivelles a la cabecera del reparto.

Joaquín
Calvo Sotelo

La opresión que la sociedad ejerce sobre sí misma supera, a veces, el rigor de la censura. Pese al origen del conflicto, La muralla *fue autorizada. Quizá se debiera al entronque familiar del autor y al momento de apertura iniciado en los años cincuenta.*

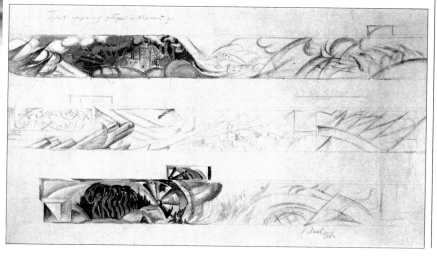

El teatro del exilio

Entre aquellos «españoles del éxodo y el llanto», que decía León Felipe, hubo gran número de intelectuales que desarrollaron su actividad fuera de España, y esa actividad incluía, como bien cultural que es, el teatro.

Un poeta como Pedro Salinas cultivó también el arte escénico: dos obras largas, *Judith y el tirano* y *El director*, y doce en un acto, de gran originalidad; entre ellas se encuentra *Los santos*, con la personificación de unas imágenes que toman el lugar de otros tantos condenados a muerte. Aunque la acción se sitúa en pleno conflicto bélico, fue publicada en 1954.

Quizá la mejor obra dramática de tema bélico marginal sea *Noche de guerra en el Museo del Prado* (1956) de Rafael Alberti. La resistencia de Madrid es el *leit-motiv* que da unidad a las acciones desarrolladas por los personajes de los cuadros de Fra Angélico, Goya, Rubens, Velázquez, etc., que se acumulan en los sótanos del museo. Se trata de un espléndido aguafuerte fantasmagórico. *El adefesio* (1944) fue estrenada en Buenos Aires por Margarita Xirgu y reestrenada en Madrid por María Casares, durante la transición democrática.

León Felipe reunió bajo el título de *El juglarón* una serie interesantísima de piezas breves de gran amplitud temática y formal.

Jacinto Grau escribió algunas obras en el exilio, tales como *Las gafas de don Telesforo* (1954), *En el infierno se están mudando* (1959) o *Bibí Carabé* (1959), pero lo mejor de su teatro (*El señor de Pigmalión*, etc.) lo escribió antes de la guerra.

Fueron Max Aub y Alejandro Casona las dos figuras más representativas del teatro en el exilio, una circunstancia vital que influyó en su producción de forma diferente. Mientras Max Aub vertió en sus obras su reflexión sobre la tragedia de la guerra y el odio, Casona paralizó en su teatro el reloj de la historia.

Max Aub agrupó la mayor parte de sus obras cortas de posguerra en unos pocos títulos: *Tres monólogos y uno sólo verdadero*, *Los trasterrados*, *Teatro de la España de Franco*, *Teatro policíaco*, *Teatrillo* y *Diversiones*. A estas piezas en un acto (23 en total) hay que añadir una serie de dramas interesantes cuyo alcance político convierte al teatro de Max Aub en un gran fresco histórico. No sólo trata la problemática española (*La vida conyugal* o

Dibujo de Picasso. Picasso, que sufrió un exilio voluntario, fue polifacético. Realizó su experiencia teatral con una pieza en francés titulada El deseo atrapado por la cola.

Las vueltas, 1947, 1960, 1964), sino que aborda también problemas surgidos de la invasión nazi, del holocausto judío o de la «guerra fría» (*El rapto de Europa, Morir por cerrar los ojos* o *No*, 1942-49); y hasta la muerte de Che Guevara (*El cerco*), o la Guerra de Vietnam (*Retrato de un general, visto de medio cuerpo y vuelto hacia la izquierda*). Su técnica dramática es altamente eficaz. Va desde la elegía poemática de *El cerco* al realismo del teatro-documento de *San Juan*. Intuitivamente, su realismo se acercó, en cierto modo, al teatro épico de Bertolt Brecht y se adelantó al teatro-documento de Peter Weiss y Hochhuth. Pese al origen político de los conflictos

El teatro del exilio

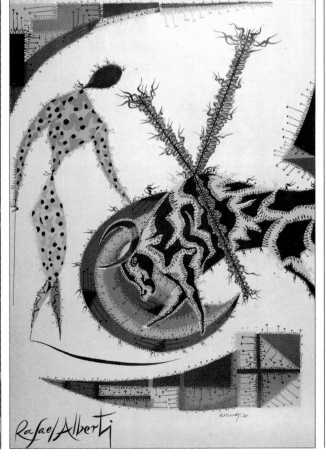

Rafael Alberti, el gran poeta exiliado, buscó en las artes plásticas su forma esencial de expresión. Fueron las circunstancias las que le obligaron a ser una de las figuras incuestionables de la literatura universal.

*El teatro se sumó
siempre a las co-
rrientes artísticas.
Ha sido tema de las
artes plásticas, co-
mo las artes plásti-
cas lo han sido del
teatro.*

planteados, el móvil que dinamiza las acciones es pro-
fundamente humano, por lo que, en general, aparecen
los problemas de conciencia.

La guerra no modificó las directrices del teatro de Alejandro Rodríguez Álvarez, conocido en el mundo de las
letras como Alejandro Casona, nombre que tomó de la
gran casona que dominaba la aldea asturiana de Besu-
llo, en la que nació en 1903. Tomó parte en las activida-
des del Teatro del Pueblo, organismo para-oficial. Una
parte de su teatro escenifica tradiciones y trae figuras de
nuestra literatura más auténtica (*El retablo jovial, La mo-
linera de Arcos*, 1947). Pero lo que esencialmente caracterizó su teatro fue una dialéctica entre fantasía y realidad que le permitía la creación de un mundo dramático
utópicamente poético. Del choque de ese mundo con el
real nace su pretendida crítica. Buscó en el amor y la pedagogía la reforma de la sociedad. Abiertamente en
Nuestra Natacha (1936), contra el sistema educativo de
los reformatorios. Se convirtió en símbolo de la política
progresista, frente a *El divino impaciente* de Pemán, que
lo era de la conservadora. En *La tercera palabra* (1953)
amor y pedagogía se enfrentan a civilización y naturaleza salvaje, dejando al descubierto la podredumbre de la
sociedad civilizada.

No obstante, lo que caracterizó su teatro fue ese factor fantástico de la alienación que rechaza la realidad, o la introducción de organismos ilusorios o seres paranormales, hasta el mismo diablo. Fue una constante que comenzó con *La sirena varada*, premio Lope de Vega de 1933, y se registra en sus más famosas producciones, *La dama del alba* (1944), *La barca sin pescador* (1945), *Los árboles mueren de pie* (1949), *La casa de los siete balcones* (1957).

En 1962, Casona regresó a España con motivo del estreno en Madrid de *La dama del alba*, y en Madrid escribió y estrenó su última obra, *El caballero de las espuelas de oro* (1964). El inconformismo del intelectual frente al poder no fue apreciado en esta obra por la joven crítica. El Quevedo protagonista de la pieza no consiguió ser el símbolo de ese enfrentamiento, que los mismos críticos (Domenech, Monleón) sí reconocían en el Velázquez de *Las Meninas* de Buero Vallejo. Quizá pesaba demasiado que Casona se hubiera convertido en el autor de la burguesía. Durante más de tres años fue aplaudido por el público burgués que llenaba los teatros. Enrique Llovet describió ese tiempo con el rótulo de «Festival Casona».

El teatro del exilio

Lo que caracterizó el teatro de Casona fue ese factor fantástico de la alienación que transforma la realidad con la introducción de seres paranormales. El parque del ciervo *de M. Andrews.*

41

5. *La marea realista*

EL ALEJAMIENTO DEL TEATRO de la realidad circuns-
tancial que España había vivido durante una década, tenía que provocar una reacción, no sólo en los autores,
alguno de los cuales lo había intentado, como los componentes de Arte Nuevo, sino también en los espectadores, en el público en general, que tuvo la ocasión de ma-
nifestarla en 1949 al aplaudir *Historia de una escalera*,
la obra de Antonio Buero Vallejo galardonada con el Premio Lope de Vega. Había comenzado la incontenible
marea realista.

Alcance del término

Se ha cuestionado el término *realismo* para definir a los
autores que experimentaron la reacción apuntada. Enca-
sillarlos en una «generación realista» a muchos de ellos
les parece excesivo, dada la versatilidad de su producción. Incluso los que se confiesan abiertamente realistas
han adoptado técnicas dramáticas que se alejan de una
analogía fotográfica del entorno social.

Cuando las vanguardias europeas de entreguerras se
opusieron abiertamente al realismo pretendían escanda-
lizar al público habitual del teatro para implicarlo en un
cambio de la sociedad. El realismo había sido identifica-
do como el arte burgués. Combatirlo era combatir a la
burguesía, pilar de la estructura social establecida. Algunos creadores vanguardistas, como los rusos, intentaron
elaborar un nuevo lenguaje artístico de la revolución,
que no tuviera nada que ver con el realismo. Sin embargo, triunfante la revolución rusa, la literatura, y en general todas las artes, fueron estatificadas por Zdanov, ministro de Stalin, que impuso, con un famoso decreto de
1930, el realismo-socialista como única opción estilística.
Las vanguardias fueron perseguidas porque sus métodos

de destrucción del lenguaje suponían poner en tela de juicio permanentemente desde la teoría del conocimiento hasta los principios sociales de la nueva convivencia. El realismo socialista apoyaba unidireccionalmente la lucha de clases. Ideológicamente, busca un arte comprometido. Pragmáticamente se optó por el realismo, porque la misión del arte se fijó en la conciencia política de las masas, en su mayoría incapaces de asimilar los lenguajes esotéricos de las vanguardias.

Precisamente ese mismo motivo, la concienciación de las masas, fue lo que provocó en nuestros dramaturgos y novelistas la reacción realista, si bien, salvo excepciones, su compromiso no era partidista, sino social.

El término *realismo* no se somete fácilmente a una definición. La realidad es reclamada incluso por los más radicales dramaturgos vanguardistas, como Fernando Arrabal. Antonio Gala, en un coloquio de la Fundación Juan March, dada la ambigüedad del término y las modalidades detectadas, se sintió obligado a hablar de «realismo reivindicativo de Lauro Olmo, sensual de Martín Recuerda, etc.». Sólo intuimos las formas realistas como análogas a las del mundo aparente, en un universo dominado por la lógica y el principio de causalidad, con personajes bien caracterizados, aunque lo que predica de ellos refleje situaciones generalizadas, y aunque lo que domina el mundo que quiere interpretar sea la irracionalidad.

Alcance del término

El realismo en España se impuso como una necesidad. En el escenario se pudieron debatir problemas reales, aunque la censura eliminó siempre sus posibles consecuencias políticas. Reunión del K.P.D. de Grundig.

Primera ola

Antonio Buero Vallejo abrió la brecha del teatro comercial con *Historia de una escalera*. Fue un éxito de público a pesar de ser una pieza testimonial, alejada del teatro al uso, lo que demuestra la esperada renovación temática. Había en la obra algo amargamente poético que alcanzaba a todas las clases sociales. Por primera vez, después de la guerra, subían a los escenarios problemas que afectaban a una sociedad deprimida, impotente para salir de su agónico estado de postración. La historia de esa escalera es la historia de tres generaciones que están viendo fracasar sucesivamente sus sueños de poder abandonar el sórdido ambiente en que viven. El implacable destino los mantiene anclados a la herrumbre de la baranda de aquella escalera de vecindad, que se convierte así en símbolo de la impotencia. Buero Vallejo, que impuso en su teatro un nuevo sentido de la tragedia, ve en Carmina y Fernando, la joven pareja de enamorados de la tercera generación, una puerta abierta a la esperanza. Sigue así el sentido optimista de la tragedia griega. Una vez sufrida la catarsis, los dioses son benignos. Pero en realidad, no hay motivo para esperar

En la ardiente oscuridad fue, cronológicamente, la primera obra escrita por Antonio Buero Vallejo. La ceguera de sus personajes tiene un valor simbólico, lo que da un matiz especial al análisis de una situación real.

que el rumbo de sus vidas sea distinto al de sus progenitores. El final es abierto. La formulación de los sueños de los casi adolescentes enamorados nos hace saber que la vida continúa, pero sus ilusiones, sus esperanzas eran las mismas que las de sus padres.

Esa terrible poética de la frustración se correspondía con un inmovilismo social que hacía inútil tantos esfuerzos sinceros. Lo que allí se contaba nos afectaba a todos.

Buero estrenó *Historia de una escalera* después de seis años de cárcel por motivos políticos y una sentencia de muerte conmutada; fue su primer estreno y el título que lo lanzó a la fama, pero no la primera pieza que compuso. Ésta fue *En la ardiente oscuridad*. Se desarrolla en una institución para ciegos, y tanto los personajes como las circunstancias de su ceguera, común a los que allí conviven, son concebidos con un valor simbólico. Hacemos esta advertencia porque Buero acepta la calificación de realismo-simbólico para su obra, pero duda que pueda calificársele de autor realista. Se le ha incluido siempre en la generación realista porque no sólo abrió las posibilidades de estreno a este teatro, sino que su éxito impuso algunas de sus más acendradas características. Sobre todo la observación de tipos y la elección

Primera ola

La crítica señaló el paralelismo de En la ardiente oscuridad *con el mito de la caverna de Platón y situó el pensamiento del dramaturgo en el ámbito del agnosticismo kantiano. Ese mismo paralelismo puede rastrearse en* El tragaluz.

45

de ambientes castizos, en coincidencia con el de los sainetes de Arniches. Sin embargo, hubo que esperar hasta 1956 para que *Hoy es fiesta* volviera a conciliar esos rasgos del drama (o tragedia) realista. *El tragaluz* (1967), la obra que algunos autores incluyen en esta tendencia realista de teatro testimonio, parece más una reflexión sobre problemas existenciales que una denuncia de situaciones sociales injustas. Buero le dio la estructura de un cuento de cuentos. Concibe la trama como un experimento realizado en un futuro a través del cual se rememoran los hechos. Un subterfugio para distanciar un conflicto que podría caer en el melodramatismo.

El teatro de Buero Vallejo ha mantenido una constante ideología de carácter humanista, de justicia y libertad. Sin embargo, se aprecia en su trayectoria una evolución. Receptivo a las innovaciones, las adaptó o rechazó según convinieran a sus planteamientos teóricos. A partir de 1958, con *Un soñador para un pueblo* se aprecia una in-

Aunque Buero Vallejo no se considera un autor puramente realista, y así es a la vista de su obra, Historia de una escalera *supuso el triunfo del realismo testimonial en los escenarios españoles.*

tensificación en la utilización de recursos técnicos. No se trata de la aparición de símbolos, que en realidad es permanente en su obra. Se pueden registrar simbolizaciones en *La tejedora de sueños* (1952), *La señal que se espera* (1952), *Madrugada* (1953), *Irene o el tesoro* (1954) o *Las cartas boca abajo* (1957). Pero a partir de *Un soñador para un pueblo* hace uso del escenario múltiple, lo que él llama «técnica funcional», con lo que consigue agilidad narrativa, cambios rápidos de escena o simultaneidad de acciones; introduce proyecciones para expresar estados de ánimo o cambios de lugar, como hace con las «pinturas negras» de Goya en *El sueño de la razón* (1970), o en *Las Meninas* (1960); adapta técnicas puramente cinematográficas, como la del plano y contraplano en *El tragaluz*.

Pero sobre todo, uno de sus mejores hallazgos es lo que se ha llamado «efecto de inmersión», por el que el espectador es sometido durante la representación a la experiencia sensorial del protagonista. Afecta a los sentidos públicos, eminentemente dramáticos: la vista y el oído. En *En la ardiente oscuridad* el oscuro total dura unos instantes, mientras que en *El concierto de San Ovidio* (1962) la oscuridad se hace mientras continúa la acción.

El tragaluz *es una muestra del dominio de las técnicas dramáticas innovadoras. La adaptación a la escena del plano y contraplano cinematográfico, que se aprecia en la imagen, es una prueba.*

El protagonista ciego se vale de ella para matar a un vidente. Y, por último, en *La llegada de los dioses* (1971), el efecto cubre toda la obra, siempre que interviene el protagonista ciego. La escena ilumina la fantasía visual que experimenta, mientras que la iluminación natural sólo se produce cuando el personaje está fuera de escena. *El sueño de la razón* es una pieza extraordinaria en la que el autor pretende una identificación del espectador con Goya a través de un efecto de inmersión auditivo. Cuando Goya está presente, los ruidos cesan y el resto de los personajes no recitan sus textos, sólo mueven los labios. El recurso es sorprendente y el efecto magnífico.

Buero tiene un estilo cuidado. Corrige sus trabajos buscando la perfección en el planteamiento de los temas, en la autenticidad de los personajes, en la veracidad de los ambientes históricos. Para ello procura la mayor información sobre cada tema hasta dominarlo absolutamente. Esa preparación ha sido una constante en él. Puede verse en cualquiera de las obras mencionadas o en *La fundación* (1974), *La doble historia del doctor Valmy* (1976), *Caimán* (1981), etc., etc.

Alfonso Sastre ha sido uno de los hombres más inquietos e inconformistas del teatro español. Participó en Arte Nuevo. A ese momento corresponde *Cargamento*

Una de las innovaciones técnicas más espectaculares es el llamado efecto de inmersión, contrario al efecto de distanciamiento de Bertolt Brecht. Sumerge al espectador en la experiencia sensorial de los personajes del drama.

de sueños (1946), que refleja su crisis de fe. Colaboró como crítico en *La Hora*, la revista del SEU. En 1950, firma con José María de Quinto el *Manifiesto del TAS* (Teatro de Agitación Social). Sólo *La Hora* se atrevió a publicarlo. Era una iniciativa que no se detenía en la simple especulación, sino que iría acompañada de un plan de montajes periódicos. La prohibición de las dos primeras obras programadas, *La huelga* de Glasworthy y *El mutilado* de Toller, dio al traste con el proyecto.

En 1953, el Teatro Popular Universitario montó en el María Guerrero *Escuadra hacia la muerte*, bajo la dirección de Pérez Puig. La obra dio a conocer a Sastre como dramaturgo, pese a que fue prohibida a la tercera representación. Había en ella un conflicto entre autoridad y libertad que se resuelve con el asesinato del cabo que manda la escuadra de castigo. Tras el hecho, cada soldado individualiza su drama. Sin otra salida que la muerte por un destino impuesto, la libertad no existe y la vida resulta absurda. Pese a los problemas existencialistas que se ventilaban, la obra fue tildada de militarista y antimilitarista.

A partir de aquí, la historia de Alfonso Sastre es una alternancia de prohibiciones y estrenos. Desgraciadamente, ganaron las prohibiciones. La censura le prohi-

El concierto de San Ovidio, *pieza a la que pertenece la ilustración, avanza en el efecto de la ceguera al sumergir al espectador en la oscuridad total que experimentan los protagonistas músicos. En* El sueño de la razón *se comparte el silencio de la sordera de Goya.*

La aceptación irremediable de una situación angustiosa subió a los escenarios como testimonio y protesta. Se representa aquí en las miradas bajas de la mayoría de los viajeros de El metro *de L. Furedi.*

bió *Prólogo patético* (1949), sobre la moral terrorista, que habría coincidido con *Los justos* de Albert Camus. E igualmente, *El pan de todos* (1954), autorizada al año siguiente en Cámara y Ensayo; y *Tierra roja* (1954); y *Guillermo Tell tiene los ojos tristes* (1955); y *Muerte en el barrio* (1955), autorizada años después al SEU del Colegio Mayor Francisco Franco; y *La sangre y la ceniza o MSV* (1962-65), una de sus mejores obras, sobre la figura de Miguel Servet, que ingresa en la secta de los anabaptistas. Abogaban por la comunidad de bienes, el «reparto de la riqueza y el bautismo de los adultos». A través de los signos escénicos y los anacronismos icónicos y verbales, hábilmente manejados, Sastre actualiza los problemas. *La mordaza* (1954) fue autorizada y montada por la Nueva Compañía Dramática, bajo la dirección de José María de Quinto, con quien en 1960 crearía el GTR (Grupo de Teatro Realista), que sí alcanzó alguna actividad. Sastre se vio sorprendido por la interpretación que los censores habían hecho de su obra. Sólo habían visto en ella un drama rural. El alegato contra la tiranía que aquí se ofrece es también el núcleo dramático de *Asalto nocturno* (1964), y es el origen de la espiral de violencia en la que se ven atrapados los protagonistas.

Sastre intentó investigaciones dramáticas experimentales; así en *El cuervo* (1956) se produce la investigación de un asesinato. El *tempo* juega de forma diferente para los protagonistas que para los testigos, *lento* para unos y *rápido* para los otros, lo que produce hechos anacrónicos. En *Ana Kleiber* (1965) el autor se convierte en personaje para construir el drama desde dentro.

En el libro de ensayos *La revolución y la crítica de la cultura* (1970), elabora el concepto de «tragedia compleja», que será, según él, lo que marcará un cambio en su teatro. Bajo esa perspectiva considera ya *La sangre y la ceniza* (1965), *Crónicas romanas* (1968), *Aholanoes-deleil (Ahora no es de reír)* (1974), o *La tragedia fantástica de la gitana Celestina* (1979). En estas dos últimas hace uso de *argots* del lumpen. Coincide en eso con *La taberna fantástica*, escrita en 1966 y estrenada en 1984. Constituye el mayor éxito comercial alcanzado por Alfonso Sastre. Más de dos temporadas seguidas en cartel. Para su montaje, el autor comprimió o suprimió los cuadros de carácter surrealista que representaban sueños de personajes o símbolos específicos, de gran interés por su variedad y fuerza expresiva. Respetó, en cambio, las partes realistas, con los «quinquis» del vecindario del antiguo barrio de San Pascual.

Alfonso Paso fue otro de los fundadores de Arte Nuevo. La crítica ha considerado dos épocas en su trayecto-

En el café. *Este cuadro de Fujita reproduce fielmente el ambiente tabernario en el que Alfonso Sastre situó la acción de* La taberna fantástica *del barrio de San Pascual.*

Los constructores de Bratsk *de Popkov nos trae una muestra artística del realismo socialista. Si exceptuamos la exclusión de la mujer, los tipos parecen extraídos de la galería de personajes que la generación realista creó en narraciones y escenarios.*

ria teatral. Fue autor dramático inconformista, primero, y sometido al pacto tácito con la burguesía, después. La inflexión parece situarse en 1960 con *La boda de la chica*. De su época de Arte Nuevo son *Barrio del Este*, incluida en *Teatro de vanguardia*, y *Una bomba llamada Abelardo* (1953). Eran gritos de protesta y provocación que no pasaron de los teatros universitarios. Dentro de la tradición tragicómica arnichesca escribió piezas como *Los pobrecitos* (1957), con una dilatada galería típica de nuestro tiempo de depresión económica, cuyos personajes son conscientes de su propia miseria. Sometidos a la tiranía arbitraria e injusta de la dueña de la pensión en la que concurren, sufren en ella los rigores del invierno. El frío congela hasta las ideas, y se ven obligados a encasquetarse el abrigo y la bufanda cuando entran y dejarlos en la percha cuando salen a la calle. La ironía ejerce así su función crítica contra un estado de opresión.

Otras piezas levantan la voz en pro de las clases medias, verdaderas víctimas de los intereses de ricos y pobres, tesis que aparece en *La corbata* (1963) o *La oficina* (1965). Dominó los resortes de la comicidad, lo que contribuyó a sus sucesivos éxitos. Los problemas se reiteran en sus obras. Es explicable en un autor de más de 160 títulos, casi todos estrenados. Muchos de ellos fueron llevados al cine, como *Usted puede ser un asesino* o *Las que tienen que servir*.

Posibilismo o imposibilismo

A Paso se le acusó de haberse sometido al teatro comercial. Cuando esto sucede, es ya el autor más representado. Se justifica en *Primer Acto* con dos artículos que titula «Traición» y «Los obstáculos del pacto». Debate en ellos el tema de la corrupción del autor y se defiende de la acusación de hacer sólo una crítica moral y burguesa, de un lado, y de hacer un teatro obrerista, de otro. Conscientemente, intentó alternar la intención crítica con la frívola superficialidad fácilmente admisible para el público habitual. Era la forma de luchar desde dentro. Principio de todo «posibilismo escénico».

Alfonso Sastre le replicó también en *Primer Acto* con un trabajo titulado «Teatro imposible y pacto social». En él criticó dos posturas o matices de la cuestión. Así implicó en la polémica a Buero Vallejo. Sastre concluía que «no hay un teatro imposible» por lo contradictorio e imprevisible del aparato de control, sólo hay un teatro «momentáneamente imposibilitado». Buero se consideró obligado a contestar en la misma revista con una «Obligada precisión acerca del imposibilismo». Optó por un teatro «lo más arriesgado posible, pero no temerario». No le parece lícito escribir un teatro «imposible», como táctica, sólo para contar en su haber con prohibiciones oficiales.

Durante más de una década, la actividad clandestina no se limitó a las organizaciones políticas. El estraperlo en la vida cotidiana y el arte en la oscuridad motivó a todos con un afán de supervivencia. Subterráneo de G. Tooker.

Premios y festivales

Los premios de teatro han sido y son numerosos, pero económicamente exiguos. Junto a los nacionales, Lope de Vega, Calderón de la Barca, Tirso de Molina o los de la Real Academia, las ciudades y entidades privadas comenzaron a instituirlos: Arniches, Guipúzcoa, Palencia, Sabadell, Ciudad de los Amantes, Teatro Católico y de Valores Humanos de la Academia Mariana de Lérida, Larra de la revista *Primer Acto*, Acento, Mayte... Los nacionales tenían el aliciente del estreno, aunque no siempre se vio satisfecho. Sirvieron, no obstante, para dar a conocer a autores, algunos de los cuales han sido piezas indiscutibles de nuestra historia dramática (Buero, Gala...).

La profunda renovación estética de la escena y de los métodos de creación dramática que se estaba produciendo en todo el mundo, nos llegó gracias a festivales, congresos y seminarios de carácter internacional, que permitieron la circulación no sólo de las ideas, sino de los espectáculos. Quizá el más antiguo de los festivales europeos sea el de Avignon, creado por Jean Vilar y Gerard Philipe en 1947. En España, el I Certamen Nacional de Teatro Universitario data de 1956, y de 1957 es el I Ciclo de Teatro Latino de Barcelona. Pero fue en los años sesenta y setenta cuando el ambiente es invadido por un afán experimental y un deseo de no quedar al margen de los avances. Surgen en España los grupos de teatro independiente, a la manera del teatro *off-off* americano. Fuera de los circuitos comerciales y sin la dependencia de las subvenciones oficiales. Y proliferan las convocatorias internacionales. Nuestros grupos asisten a festivales como el de Nancy, Zagreb, Parma, Teatro de las Naciones...

Dentro de España, las convocatorias internacionales fueron, casi siempre, de efímera vida o esporádica realización, pero algunas tuvieron gran importancia, como los Festivales de Teatro Nuevo de Valladolid, a los que debemos la primera visita del Living Theatre en 1967, el Festival Cero de San Sebastián, que trajo al Roy Hart Theatre y el CUT (Centro Universitario de Teatro) de Bari, o el Festival Internacional de Madrid, iniciado en 1970 y todavía en auge, al que debemos la visita de La Mama, Bread and Puppet, Macunaíma de Brasil y tantos otros.

VI FESTIVAL IBEROAMERICANO DE TEATRO DE CÁDIZ

España ● Octubre 1991

6. La segunda ola

LOS DRAMATURGOS REALISTAS de los años sesenta proceden de las clases medias, aunque Rodríguez Méndez reclama para ellos una procedencia popular. Dice que «vienen del pueblo», o «que han vivido más cerca de él que de los salones aristocráticos». Las situaciones, sin embargo, son muy variadas. Forman parte de la generación llamada «los niños de la guerra». No combatieron en el frente, pero sí sufrieron las calamidades que trajo consigo el conflicto. Esto les dio una experiencia, un acopio de vivencias que les permitió desarrollar sus temas con conocimiento de causa. Su actitud crítica les impidió asomarse con regularidad a los escenarios.

Lauro Olmo es, posiblemente, el mayor de los componentes de esta ola que consigue representaciones de sus obras por compañías profesionales a partir de 1959. Una vida azarosa de orfanatos y humildes oficios le proporciona experiencia de los ambientes que traería a la escena. Es autodidacta. En la biblioteca y las tertulias de la Cacharrería del Ateneo madrileño, se despiertan su sentido crítico, su humor ácido y su instinto de autor dramático. Y en 1962, con *La camisa*, conoce el éxito. Es una obra testimonial que, como él quería, logró «ampliar el censo de personajes del teatro español». Lo que se dilucida en ella es la posibilidad de evitar el desgarro que supone la emigración para esos desheredados que sobreviven en un barrio de chabolas. La camisa, la «máscara burguesa», que habría dado al protagonista el empleo salvador, acaba siendo el símbolo de la frustración. Allí queda en el tendedero, como ahorcada. *English spoken* (1967) trataría del retorno de los emigrantes al ambiente castizo madrileño. Forma parte de una serie de *dramas populares* que otros han calificado de *sainetes políticos*. Se le acusó de aceptar rigurosamente las pautas de Arniches. Pero Lauro Olmo puntualizó que Carlos

Arniches bajó a las calles, mientras que él estaba allí. Es decir, Arniches observó lo que Lauro vivió.

Con la ambición de lograr un *teatro total* escribió *El cuarto poder* (1963-67), cinco piezas en un acto con el único tema de la prensa. Vuelve a los ambientes madrileños en *La pechuga de la sardina* (1963), y cambia a los turísticos de la costa levantina en *Mare Nostrum* (1966). Es común a todas sus obras la denuncia y dar fe de una realidad interpretada dramáticamente.

Con su mujer, Pilar Enciso, ha escrito y estrenado una serie de piezas infantiles como *El raterillo* (1960) o *Asamblea general* (1961), que obtuvieron varios galardones, pero sobre todo, el éxito entre el público al que iban dirigidas.

José Martín Recuerda se dio a conocer entre los profesionales del teatro con *El teatrito de don Ramón*, que fue galardonada con el Premio Lope de Vega. Pero al año siguiente tomó una importante decisión. Prometió que «sus personajes se rebelarían siempre». Es una actitud que se cumple ya en la maestra lapidada de *Como las secas cañas del camino* (1960), y se cumplirá en La Paula y El Emilio de *El caraqueño* (1969). Y, sobre todo, con las protagonistas de sus dos grandes éxitos comerciales: *Las salvajes en Puente San Gil* (1963) y *Las arrecogías del Beaterio de Santa María la Egipciaca* (1974). En am-

La segunda ola

Con el incipiente despegue económico de los años cincuenta no acabaron los problemas. El marasmo laboral obligó a la emigración. Una puerta abierta a la esperanza, pero un desgarro en la conciencia de la propia identidad.

*La represión se-
xual es el germen
de la injusticia que
Martín Recuerda
denuncia en* Las
salvajes en Puente
San Gil. Modelo re-
clinada sobre sillón
amatorio de made-
ra curva *de Philip
Pedristein.*

bas se introduce el personaje coral. *Las salvajes*, las chi-
cas de conjunto de la compañía de revistas de Palmira
Imperio, deciden rebelarse contra el acoso brutal de los
reprimidos sexuales que son los hombres del pueblo, y
acaban siendo dobles víctimas, ya que lo son también de
la represión moral promovida por las damas cursillistas.

El logro de *Las arrecogías del Beaterio de Santa María
la Egipciaca* es lo más significativo. El tema de la heroína
liberal de Mariana Pineda había sido tratado por García
Lorca, con el encanto poético edulcorado del teatro modernista. Ahora se presenta bajo los auspicios de la estética realista. La dureza de los caracteres y la investigación
histórica previa dan una visión muy distinta del beaterio y
su entorno, representativo de España entera. Trasciende
el tiempo y constituye una crítica de las situaciones tiráni-
cas de cualquier época. Con una visión de teatro total, comienza el espectáculo desde el momento en que se abre
la sala, animada con los *happenings* de las costureras de
Lolilla la del Realejo. La escena invade la platea, un teatro
de ambiente (*environmental theatre*) hace que el espectador se encuentre inmerso en la acción.

En 1977, Martín Recuerda consiguió su segundo Premio Lope de Vega con *El engañao*, un intento de desmi-

tificación histórica, como en *Las conversiones* (1981), en la que revive el entorno histórico de los Trastámara, con motivo del proceso de Celestina.

Quizá el dramaturgo realista que más abiertamente elevó su voz contra la estética simbolista de las vanguardias fue José María Rodríguez Méndez en una serie de artículos, críticas, ponencias y especialmente en su libro *Comentarios impertinentes sobre el teatro español* (1972). Apoya la postura de Sastre, Juan Antonio Hormigón y otros, que entendían que el compromiso dramático sólo podía aceptar la estética del realismo socialista.

El grupo Candilejas montó *Los inocentes de la Moncloa* en 1961; era su primer estreno profesional, aunque en 1959, el TEU de Barcelona había puesto en pie *Vagones de madera*. En ambas formaciones figuraba Julián Mateos como actor. Los protagonistas de ambas piezas no entienden el porqué de su inevitable destino, las oposiciones y la guerra, respectivamente. Tienen que pasar la prueba que el sistema les impone para lograr sobrevivir.

Rodríguez Méndez pone reparos a la estética de Brecht, pero recoge algunos temas suyos para darles una visión carpetovetónica: *El círculo de tiza de Carta-*

Realistas y simbolistas reclamaron la realidad como objeto de su arte. Su actitud antiburguesa los une. Unos queriendo llevar a la escena esa realidad. Los otros buscando una interpretación alegórica de la vida. Roma *de H. Hoch.*

Los ambientes sórdidos del submundo barcelonés alternan con el lujo burgués del ensanche *en* Flor de Otoño. *En el montaje de los Teatres de la Generalitat de Valencia, el* happening *inicial sirvió para crear el ambiente adecuado.* Barcelona *de Mercadé.*

gena (1963) y *El «getto» o La resistible ascensión de Manuel Contreras* (1964).

De su conocimiento de los barrios marginales de Barcelona surgió *La batalla del Verdún*, un barrio de aluvión de los que produce la emigración. *Flor de Otoño: una historia del barrio chino* (1973) enfrenta en una misma familia la vida de la Barcelona negra del *barrio chino* y la burguesa del *ensanche*. Es la interesante historia de un «travesti» de doble vida que se mezcla con la fracasada revolución catalana de los años treinta. Lluiset, el protagonista, fue interpretado por José Sacristán en la versión cinematográfica. La acción de *La mano negra* (1965) se traslada a los ambientes campesinos andaluces, mientras que *Bodas que fueron famosas del Pingajo y la Fandanga*, que revive el tiempo del 98, y *Los quinquis de Madrid* (1967), sobre el problema de los marginados, van al Madrid barriobajero.

Alfredo Mañas alcanzó un gran éxito con *La feria de Cuernicabra* (1959), que ya había sido estrenada en París, y otro mayor con *Historia de los Tarantos*, cuyos componentes folclóricos oscurecen el factor crítico, lo que no fue obstáculo para la versión cinematográfica.

Carlos Muñiz había estrenado en círculos universitarios algunas obras realistas. Destaca *El grillo* (1957). En 1958 obtuvo el Premio Arniches con *El precio de los sueños*. Pero fue en 1961, con el estreno de *El tintero*, cuando entra irremisiblemente en la historia del teatro espa-

ñol. Fue montada por GTR (Grupo de Teatro Realista), creado por Alfonso Sastre y José María de Quinto. La deformación que produce el grito de protesta que contiene, la sitúa próxima a la estética expresionista, o neoexpresionista. Quizá por eso, cuando se estrenó en Lisboa, el crítico de *O Século* declaraba que la obra «tiene claras influencias de Beckett y de Ionesco, y, también, cierta preocupación en relación a una conciencia social de nuestro tiempo». No era tan claro lo primero pero sí lo segundo.

En 1980 estrenó *La tragicomedia del serenísimo príncipe don Carlos,* que permitió a González Vergel utilizar adelantos escenográficos, como las metamorfosis del espacio escénico único. Aunque de tema histórico, se han visto en ella rasgos expresionistas, como ocurrió también con *Un solo de saxofón* (1963), *Las viejas difíciles* (1967) o *Los infractores* (1969). A pesar de todo, sigue formando parte de la generación realista.

En 1960, Ricardo Rodríguez Buded obtuvo el Premio Acento con *La madriguera.* El premio no tenía la importancia de los nacionales, pero los problemas que jugaban en la trama eran vitales. Todos aquellos que generaba la situación de realquilado, «habitación con derecho a cocina». Un problema que en los años 40 y 50 era endémico en nuestra sociedad de las grandes urbes. El

La segunda ola

Con el realismo, los ambientes populares que fueron el alma de los sainetes volvieron a los escenarios. Una plazuela de barrio, una terraza de vecindad o el rellano de una escalera podían ser testigos de auténticos problemas sociales.

problema de la vivienda bulle también en *Un hombre duerme* (1960), cuyo realismo raya en el esperpento. Y su última pieza, *El charlatán* (1962), articula su trama en torno a los concursos radiofónicos, popularísimos en un tiempo en que podían despertar esperanzas, generalmente frustradas.

Juan Antonio Castro dejó de ser un desconocido en el ámbito teatral nacional con el éxito de *Tiempo del 98* (1969), una especie de crónica histórica que fue incluida en la Campaña Nacional de Teatro de 1970. A través de los propios protagonistas de la generación del 98, que aparecían como personajes, logra una síntesis ideológica generacional. Unamuno, Machado, Valle, etc. abogarán por sus propias ideas. *Ejercicios en la noche* (1971) es una tragedia de corte shakespeareano en la que los personajes se desdoblan y salen de la acción histórica inglesa para encarnar su propia identidad o una especie de coro popular.

Escribió Castro algunas piezas de corte infantil, como *El conde Arnaldos,* y otras con una estética vanguardista, *underground* o de teatro del absurdo: así, *Era sólo un hombre vestido de negro* (1968) o *La visita* (1970).

Los jóvenes de los sesenta

Se trata de los nacidos durante la República. Como los anteriormente tratados, extraen sus temas de una realidad circundante o aluden a distintos problemas a través del distanciamiento que dan los acontecimientos históricos. Recordemos, por ejemplo, a Agustín Gómez Arcos, cuya obra *Diálogos de la herejía* (1964) lo situó en el centro de una polémica al haber sido finalista de los Premios Lope de Vega y Calderón, pero fue, sobre todo, por lo apasionante que resultaba el tema de los alumbrados del siglo XVIII. Su elección dividió a la crítica.

Ricardo López Aranda obtuvo un considerable éxito con *Cerca de las estrellas*, de ambiente sainetesco, con ilusiones de gente humilde que mitiga el calor de la noche veraniega en las azoteas de vecindad. Pasada por televisión en los años ochenta, todavía despertó atención su valor testimonial.

Pero es sin duda Antonio Gala el autor más importante de este grupo, por su dominio del lenguaje en todos

La realidad no tiene edad. Los anacronismos han servido al arte para manifestar la vigencia de los problemas. La historia ha sido a veces una forma de eludir la censura, de abordar los temas prohibidos. La inauguración o la cinta del Equipo Crónica.

*Dibujo de Kafka
para* El proceso, *novela adaptada
al teatro por Peter
Weiss. Su montaje
en España siguió
las pautas del cons-
tructivismo escéni-
co de Meyerhold.
El expresionismo
de Kafka influyó
en algunas deriva-
ciones del realismo
teatral.*

sus registros, por sentirse impregnado de los valores esenciales de una cultura, por sentirse beligerante y críti-co, incluso con el sector social que más lo aplaude. *Los verdes campos del Edén* obtuvo el Premio Calderón de la Barca 1963 y el Ciudad de Barcelona. Según su autor «se trataba de una pieza inconcreta, muy novicia». Pero su fuerza crítica es demoledora. La tesis que se despren-de, globalmente considerada, es que la paz individual no es posible ni en «la paz de los sepulcros». Tenía, no obstante, un cierto tono lírico que la hizo asequible al público. En sus dos siguientes estrenos renunció a ese li-rismo, lo que hizo que *El sol en el hormiguero* (1966) y *Noviembre y un poco de hierba* (1967) no se mantuvie-ran en cartel el tiempo de su primer estreno. *Noviembre y un poco de hierba* es una pieza bien trabada, a pesar de ese tiro fortuito que acaba con la vida del hombre topo que Paula ha protegido y guardado para sí, que ha sido el padre de sus hijos, y que no conocerá la libertad, si bien la libertad para él ha sido durante veintisiete años el sótano-vivienda de un apeadero perdido en la estepa andaluza. El terror lo mantuvo allí, como a tantos otros que años más tarde volvieron a la vida. Gala pensaba que en una plaza de pueblo la obra sería entendida. Y no se equivocó, el grupo Teatro Lebrijano consiguió el

éxito cuando con *Noviembre y un poco de hierba* montó su tinglado en las viejas plazas.

Con *Los buenos días perdidos* (1972) y, sobre todo, *Anillos para una dama* (1973), no sólo recobró el aplauso del público, también le proporcionaron buen número de los más prestigiosos premios de teatro: Nacional de Literatura, el Espectador y la Crítica, Mayte, Foro Teatral, Ciudad de Valladolid, María Rolland... El prestigio de Gala se afianzó. El público volvió a aplaudirle en *Las cítaras colgadas de los árboles* (1974), *¿Por qué corres Ulises?* (1975), aunque la crítica diaria estuvo reticente. Esta última presentaba la novedad de un desnudo en escena. *Petra Regalada* (1979), *La vieja señorita del Paraíso* (1980) o *El cementerio de los pájaros* (1982) están dentro de la tónica y la técnica características de su teatro, hasta que en 1988 cambió a la comedia musical con *¡Carmen, Carmen!*, milenaria en sus muchas representaciones en las carteleras españolas. Y ha sabido adaptar la calidad del texto y su «actitud ingeniosamente arbitraria ante la vida» al lenguaje televisivo en series como *Paisajes con figura*.

La visión de una misma realidad puede ser múltiple. Todo depende de los puntos de referencia y los puntos de vista. Esto justifica la persistencia de algunos temas en la historia del teatro. Las tres ventanas *de J. Boswell.*

7. La nueva ola realista

EL REALISMO, con esa amplitud conceptual con que lo entendieron nuestros dramaturgos, es una constante que ha moderado y contrapesado las convicciones o veleidades simbolistas de la moda. Casi todos los autores han alternado o contaminado el estilo y la técnica realistas para ampliar las posibilidades significativas de sus obras.

En este sentido, un autor como Hermógenes Sainz pasó de los rasgos puramente realistas de *La niña Piedad*, hasta su más representativa creación dramática, *La Madre*, concebida en una estética neoexpresionista, que la Compañía Nacional de Cámara y Ensayo montó en la temporada 1970-71. Fue adaptada para televisión, medio para el que el autor escribió varias series.

Con una oscilación mayor en sus concepciones escénicas y una mayor variedad de los medios expresivos, se dio a conocer en los años sesenta Manuel Muñoz Hidalgo, escritor polifacético que ha cultivado el relato y la poesía, pero ha sido en el medio dramático donde ha desplegado su mayor actividad. TVE lo dio a conocer con *El herrero de Betsaida* (1970), cuyo distanciamiento en el tiempo no evita la estética realista. Una estética eficaz en *El tornillo* (1976), concebida como *teatro de hechos*, basada en situaciones dramáticas de la biografía de Miguel Hernández. Ha escrito para café-teatro, como *El tapiz* (1971), o para la radio, como *La escalera* (Radio Nacional, 1980). Y no pudo evitar las posibilidades del teatro experimental. Así escribió *Pictodramas con artículo (6 piezas breves)* (1976), o *Verso blanco*, cuyos personajes asexuados eliminan en sus diálogos toda referencia al género a que pertenecen. Consigue un proceso de abstracción que permite jugar con la pasión en una superación del heterosexualismo.

La incorporación de nuevas técnicas escénicas abría el camino de la experimentación.

La tendencia inversa

Si la dirección normal de los escritores realistas es tender a incorporar técnicas esenciales de la corriente simbolista, ha habido escritores que han sufrido una evolución inversa.

Así ocurrió con Fermín Cabal, quizá por la circunstancia de sus primeros pasos en el teatro. Comenzó colaborando en creaciones colectivas, con una tendencia al simbolismo crítico, en grupos de teatro independiente, especialmente Tábano. Sin embargo, encontró la verdadera dimensión dramática de su creación en la estética realista. En ese momento, la tendencia general, incluso del Teatro Nuevo, era la vuelta al teatro de autor, o, diríamos mejor, el abandono o recesión de la creación colectiva. Comenzó esa autonomía creadora con *Tú estás loco, Briones*, una farsa esperpéntica que investiga los efectos del cambio democrático a la muerte de Franco. Las limitaciones de los montajes del teatro independiente hicieron que la pieza contara con más aceptación en la versión cinematográfica, más compleja. Con *Va de re-*

Homenaje a Miguel Hernández en Orihuela. El tornillo *de Muñoz Hidalgo, basada en la figura de Miguel Hernández, fue concebida como* teatro de hechos.

El figurín de Picasso, con miriñaque y todo, evoca a la princesa de los cuentos populares y fantásticos, una de las dramatis personae *destacadas por Souriau como* fuerzas temáticas (200.000 situations dramatiques).

tro (1981) consiguió ver su obra aplaudida en un teatro tan importante como el María Guerrero. Su gran éxito dramático tuvo lugar en 1983 con *Esta noche gran velada*, en la que a la corrupción del boxeo se le ha querido encontrar un significado paralelo. Pero es su lenguaje testimonial, intrascendente a veces, revelador siempre, lo que le dio relevancia. Cabal ha considerado sus obras «comedias de costumbres, casi sainetes contemporáneos». Su temática busca los problemas actuales. *El caballito del diablo* (1983) trata el problema de la droga en la juventud. Cabal ha cultivado también la filmoliteratura con sus guiones para cine.

Una parecida trayectoria ha seguido José Luis Alonso de Santos que se inició haciendo adaptaciones para el grupo Teatro Libre de Madrid. Su primera obra original fue *¡Viva el duque, nuestro dueño! (retablo de farsantes del siglo XVIII)*. Se trata de un entremés largo en el que el contraste entre lo heroico y la miseria real produce una crítica intemporal. Los temas que constituyen un entramado complejo, sólo quedan apuntados. Con *La verdadera y singular historia de la princesa y el dragón* (1977) el autor sólo quiso rehacer un tradicional cuento infantil para su hija pequeña, en el que la princesa acaba enamorándose de su raptor, el dragón, e incluso identificándose tanto con él que sufre una metamorfosis hasta convertirse en dragona. Así, la gesta de los príncipes valientes que quieren matar al dragón para obtener la mano de la princesa, resulta inútil. La obra tiene autonomía y, pese a la intención de su autor, ese cuento no se quedaba en eso, un cuento infantil. Parecía analizar el «síndrome de Estocolmo». Podría estar inspirado en el caso de la rica heredera americana Patricia Hears, raptada por el subversivo Ejército del Pueblo, y que militó después en sus filas, quizá por amor hacia uno de sus dirigentes. El simbolismo aparecía igualmente en *Del laberinto al 30* o *Monstruos de atar*, en cuyos montajes del Teatro Libre José Luis Alonso de Santos intervino como autor y director.

Su éxito comercial llegó con *La estanquera de Vallecas*, inspirada en un hecho real, sacado de las páginas de sucesos. La adaptación al cine le dio gran popularidad. La observación del comportamiento de grupos juveniles, marginados o no, revistió la obra de interés, el mismo que se vio multiplicado en *Bajarse al moro* (1988). Consiguió con ella una obra testimonial de drogadictos, conflictos generacionales, y jóvenes integrados y rebeldes, con su lenguaje específico. En ella apreciamos que no siempre los socialmente bien considerados resultan ser los buenos. La obra se mantuvo varias temporadas en cartel y ha sido adaptada al cine. La televisión es un medio también cultivado por el autor en la serie *Eva y Adán* (1990-91).

El Premio Lope de Vega de 1982 lo obtuvo una original e interesante pieza titulada *Ederra*. Su autor, Ignacio Amestoy, demostró dominio de la escena. Incorpora lo que podríamos llamar «técnica del personaje ausente». Personajes pictóricos toman parte en la acción. Las señoritas de Avignon de Picasso son una realidad en la mente de Ederra. Como Buero Vallejo, Amestoy intenta una restauración de la tragedia que se nutre de problemas vigentes. Formado en el Teatro Estudio de Madrid, de la mano de Miguel Narros, William Leyton y Maruja López, conoce la técnica dramática desde el punto de vista del actor y el director, lo que redunda en beneficio de sus creaciones. Han salido de su pluma obras como *Dionisio* (1982) o *Una pasión española* (1983). Su actividad profesional se ha desarrollado en el periodismo.

Es frecuente que el teatro busque sus personajes en documentos pictóricos. Los personajes de Las señoritas de Avignon de Picasso son una realidad en la mente de Ederra, la protagonista de la obra de Ignacio Amestoy.

Realistas recalcitrantes

Hay escritores cuya fidelidad a la estética realista ha resistido la fascinación de algunos hallazgos técnicos que tienden a la interpretación alegórica de la realidad, aunque no sean ajenos a una búsqueda de nuevas formas expresivas.

Domingo Miras es un dramaturgo vocacional, estimado en el mundo de la intelectualidad teatral, aunque su vida profesional lo tenga anclado en el funcionariado público. Sus tanteos clásicos se vieron en *Fedra* (1973), que fue un accésit al Premio Lope de Vega, y *La saturna*, estrenada en el 77, obtuvo el Premio Sánchez de Badajoz. En 1980, *Las alumbradas de la Encarnación Benita* fue galardonada con el Tirso de Molina. El tema fue tratado también por Francisco Nieva, aunque la obra de éste lo sitúa en el Madrid barroco de Felipe IV. Su pieza de mayor repercusión fue *De San Pascual a San Gil*, premio Lope de Vega 1975, que toma como telón de fondo la histórica sublevación de los sargentos del Cuartel de San Gil. Resulta un retablo interesante, por el que circulan personajes como Isabel II, el padre Claret, o los generales Narváez y O'Donnell. Tiene un tono esperpéntico al modo de Valle-Inclán.

Casa al oscurecer de E. Hopper. El análisis de la realidad puede partir de la calle, del ambiente histórico que condiciona nuestras vidas, que penetra en nuestra casa por pequeña que sea la ventana abierta al exterior.

Fernando Martín Iniesta obtuvo en 1959 el Premio Tirso de Molina con *Los enanos colgados de la lluvia* y publicó después *El parque se cierra a las ocho*. Permaneció inactivo durante bastantes años, hasta que últimamente se ha reincorporado a la labor dramática. Junta sus esfuerzos a esta «nueva ola realista» con piezas como *No hemos perdido aún este crepúsculo, Quemados sin arder, Final de horizonte* o *La tierra prometida*, en las que plantea problemas humanos de adaptación a los cambios políticos. Se han dado a conocer por la publicación, montajes de cámara y lecturas dramatizadas en entidades culturales como el Ateneo de Madrid.

Teatro Nuevo (donde se cruzan las corrientes)

Aunque algunos autores sitúan bajo esta denominación el teatro de base alegórica, los Festivales y Congresos de Teatro Nuevo, de Valladolid y Tarragona respectivamente, fueron lugar de enfrentamiento de realistas y simbolistas. El II de Valladolid de 1968 consideraba incluido todo «teatro antiburgués, de acción y eficacia social, en oposición al teatro de consumo de todos los días». Era terreno abonado para disputarse la hegemonía de la renovación.

Ventanas en la noche *de Hopper. Como un símbolo, la ventana da paso al interior. La escena puede penetrar hasta la intimidad del alma, desnudarla hasta alcanzar las causas de su amor o la persistencia de su odio. Otro aspecto de la realidad.*

8. La generación simbolista

EN LOS AÑOS SESENTA se desarrolla una corriente teatral que elude las formas realistas y quiere situarse dentro de la estética experimental que los más significativos grupos europeos y americanos estaban realizando. Desde 1965, festivales y seminarios nos dan a conocer los avances conseguidos por grupos como Living Theatre, Teatro Laboratorio de Wroklaw, Workshop Theatre de Joan Littlewodd, Roy Hart Theatre o Bread and Puppet. Con anterioridad, la estética del absurdo como expresión de las ideas existenciales y el recuerdo de las antiguas vanguardias sería su norte. En medio, las técnicas brechtianas del teatro épico se las disputarían realistas y simbolistas.

Teatro pánico

Fernando Arrabal hizo universal esta etiqueta. El movimiento surgió y fue fundado en el Café de la Paix de París, por Alejandro Todorowsky, Rolland Topor y J. Sternberg, que firmaron el manifiesto fundacional junto con Arrabal (1962). Fue una respuesta al surrealismo tiránicamente dominado por Breton. Aunque Arrabal negó, pasado el tiempo, la entidad del movimiento pánico, tenía unos principios programáticos: conciliar lo absurdo con lo cruel e irónico, identificar el arte con el acto vivido (de ahí el enlace con los *happenings* de Allan Kaprow), y la adopción de la ceremonia como forma de expresión. Así se han realizado las piezas breves que ellos llaman *efímeros*.

Fernando Arrabal se dio a conocer con lecturas restringidas en la Cacharrería del Ateneo, por los años cincuenta. Su primer montaje estuvo a cargo de Dido, Pequeño Teatro, que dirigía Josefina Sánchez Pedreño. La obra se titulaba *Los hombres del triciclo* (1958). Hubo división de opiniones, porque en la pieza hay situaciones incongruentes, réplicas ilógicas, causalidad alterada, reacciones aberrantes que no conducen a nada. Ese pesimismo existencial que había en el ambiente, ese humor negro que Arrabal no pudo evitar, hizo que el teórico Martin Esslin lo incluyera en su *Teatro del absurdo*, aunque Arrabal confiesa que, entonces, ni siquiera había oído hablar de Beckett. Cuando le indicaron su afinidad con este escritor irlandés, creyó que le hablaban de Bécquer. De esas características son *Pic-Nic, Cementerio de automóviles, Los dos verdugos...* Había tenido relación con el postismo, el movimiento poético español de vanguardia de la posguerra, y eso lo incitó a separarse de la línea realista que dominaba todos los géneros. Elabora su propia teoría teatral, en ciertos aspectos coincidente con Antonin Artaud, el creador del teatro de la crueldad. Llega a decir que parecía que Artaud había visto sus obras antes de escribir *El teatro y su doble*. Acepta las críticas de irracionalidad, porque él toma la realidad como centro de su teatro, y el mundo no es coherente, ni racional. El individuo está dominado por un estado de confusión («Donde no hay confusión no hay

La abstracción en las artes fue un producto de la investigación filosófica y la experimentación. El teatro de vanguardia buscó en ella la forma de expresar lo incomprensible y el camino de la «protesta y la paradoja». Su arma fue el símbolo. Signo *de A. Gotilieb.*

vida», dirá). La abstracción y el símbolo serán una constante. Así nacieron *Los 4 cubos*, *Primera comunión*, *Los amores imposibles* o *El arquitecto y el emperador de Asiria*.

Desde 1967, tras haber sido procesado por una dedicatoria soez y haber entrado en contacto con los reclusos de Carabanchel, su teatro adquiere caracteres políticos de lucha. Publica *Teatro de guerrilla* (1969), que incluye *Aurora negra y roja*, junto a *...Y pusieron esposas a las flores*. Escribe después *Bella Ciao, Oye, Patria, mi aflicción* (estrenada en el 76 por Aurora Bautista), *El rey de Sodoma* (estrenada en el 83 con dirección de Miguel Narros), *Levántate y sueña, La travesía del Imperio*, y tantas otras estrenadas en todo el mundo. Arrabal es sin duda nuestro más conocido autor de vanguardia, ha asumido su representación y aportado ideas y formas que lo sitúan como figura incuestionable de la literatura universal.

Es probable que Fernando Arrabal posea la imaginación más portentosa que ha dado el teatro español del siglo XX. El vuelo de su imaginación ha creado situaciones, personajes, mundos, en los que la ingenua crueldad de los personajes o la incongruencia de sus sentimientos encontraron su símbolo. El vuelo de Arrabal *de* García Crespo.

El underground

El profesor estadounidense George Wellwarth publicó en 1972 *Spanish underground drama*, sobre nuestros autores de vanguardia. Lo define como sinónimo de «teatro censurado». Era un teatro político que había optado por alejarse de las formas realistas para desembocar en la parábola, el símbolo y la alegoría como formas de expresión. Conoció este teatro mecanografiado. Muchas obras se editaron después, y algunas hasta fueron representadas. No incluyó en su estudio el teatro de Francisco Nieva.

José María Bellido fue el autor que primero entró en contacto con Wellwarth. Los problemas de la situación española inspiraban sus dramas, pero una consciente autocensura le obligaba a universalizarlos. La parábola *Fútbol* (1963) hacía referencia a la Guerra Civil española, con vencedores y vencidos, mientras que *Tren a F...* tiene más amplias miras. La letra F es símbolo, quizás, de *felicidad*. Por el túnel por el que han de pasar no cabe más tren que ése. Carlos, un niño viajero, ve otros trenes en los que se canta y se ríe, mientras que en el suyo, en el vagón de cola, hay hombres y mujeres de los que nadie se ocupa, porque dicen «que son pequeños y huelen mal». Pero les enseñaron que debían tomar el tren a F.

Como un Napoleón que se autocorona, Arrabal nace de sí mismo, de su verbo, de su propia creatividad. El nacimiento de Arrabal *de Arnail.*

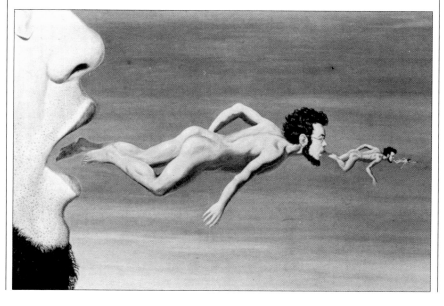

El teatro de la generación simbolista creó estereotipos que se repitieron, por coincidencia de criterios o porque la censura obligó a los escritores a ignorarse unos a otros. La inauguración de Kanovitz.

Milagro en Londres (1972) supuso un éxito de público pese al tipo de teatro vanguardista que era, éxito que ya no se repitió con *Esquina Velázquez* (1975).

Ángel García Pintado busca sus temas en la «erosión moral de la nueva sociedad española». Así ocurre con *Crucifixión* (1969), *Odio-celos-pasión de Jacinto Disipado*, premio Guipúzcoa, 1970, o *La pulga* (1974). Esta última se desarrolla en una mesa camilla, con la situación absurda de los amores de un hijo y una pulga, y la reconvención del padre: «Esa pulga no te conviene».

El desarrollo dramático de Manuel Martínez Mediero tuvo una primera etapa en la que los elementos costumbristas están patentes, pero a partir de *El último gallinero*, premio Sitges, 1969, se inicia una fecunda producción caracterizada por radicalizar el simbolismo. El «gallinero» constituye un microcosmos en el que se viven, a través del simbolismo animal, situaciones políticas y sociales. El jefe somete a votación lo que afecta al bienestar. Cuando los pollos jóvenes, la Nueva Izquierda, se niega, el alguacil los somete a palos. El jefe comenta complacido: «Esto es democracia». Los privilegios sociales los detentan el faisán y el pavo real, que son los que en realidad gobiernan. La libertad, el rechazo de los diferentes, la crueldad, son temas que aparecen en *Teatro antropofágico* (1978), que incluye *El convidado*, *El bebé furioso* y *Las planchadoras*. Sobre un tema bastante común en-

tre los *underground*, el de la sucesión del régimen franquista, escribió *Las hermanas de Buffalo Bill*. Curiosamente, se estaba representando el 20 de noviembre de 1975, cuando murió Franco.

El mismo tema aparece en *El Hombre y la mosca* (1968) de José Ruibal. El Hombre ha gobernado un país durante «70 años de paz» y prepara a su doble para que le suceda. Una especie de robot. Al faltar el Hombre, una simple mosca ha derribado la pirámide del poder del antiguo régimen y el doble acaba en chatarra. La generalización que producen los símbolos otorga a la pieza un valor universal. Igual ocurre en *Su majestad la Sota* (1966).

Ruibal mostró interés por el poder crítico de la fábula. Puede verse en *El mono piadoso y seis piezas de café-teatro* (1969). *El mono piadoso*, una ópera con música de Pedro Luis Domingo, sustituyó en la edición a *Los mendigos*, por razones de censura, cuando ya estaban impresos los ejemplares. La deshumanización de la sociedad de consumo es el tema de *Los mutantes* y *El super-gerente*, así como el de *La máquina de pedir*.

Antonio Martínez Ballesteros sigue la tendencia de la alegoría animal en sus *Fábulas zoológicas* (1976), en las que denuncia la hipocresía moderna. Amplía la gama de comportamientos que ya denunciara en *Farsas contemporáneas* (1970), *Retablo en tiempo presente* (1972) y

El underground

La realidad resulta de nuestra percepción consciente y subconsciente. Como una radiografía de nuestros deseos, amores y fobias, como este negativo de Bing Crosby con el que Richard Hamilton expresa su Sueño con una Navidad blanca.

Teatro difícil (1971), que reúnen varias piezas breves cada una. En *Los mendigos* (1961), con el mismo título que la de Ruibal, crea sus propios símbolos de la burocratización, la corrupción y el funcionariado.

Jerónimo López Mozo es quizá el autor que más ha intentado conocer y participar de la experimentación. La parábola brechtiana aparece en *Crap, fábrica de municiones* (1969), el teatro de la crueldad en *Matadero solemne* (1969), el *happening* en *Blanco y negro en 15 tiempos* (1967), el teatro del absurdo en *La renuncia o Moncho y Mimí* (1967), el teatro-*collage* en *Collage occidental* (1968). La Guerra Civil le inspiró algunas obras como *Anarchía 36* (1978), desarrollada como teatro-documento, con personajes y textos históricos empleados como distanciamientos épicos. Y *Guernica* (1969), un poema dramático, casi un *happening*, en el que toman vida los personajes del famoso cuadro de Picasso.

Miguel Romero Esteo, que ha calificado su obra de *teatro de irrisión*, usa reiteraciones hasta vaciar la palabra de contenido semántico, contrastes entre cultismos y coloquialismos vulgares, términos escatológicos, retruécanos y toda clase de juegos de palabras, tanto en el texto

Un mismo suceso puede inspirar piezas distintas. Arrabal concibió el desastre de Guernica en la tragedia individual de dos ancianos que han perdido la perspectiva de lo que consideramos realidad. La magnitud de la hecatombe los inhibe del tiempo y del espacio. Quedan como en una burbuja de ruinas.

recitado, como en las acotaciones. El grupo Ditirambo montó *Paraphernalia de la olla podrida, la misericordia y la mucha consolación,* presentada en el Festival de Sitges de 1972, y *Pasodoble,* presentada en las Jornadas de Teatro de Vigo de 1974. En el Teatro Benavente de Madrid, Carmen Sainz de la Maza presentó el *Vodevil de la pálida, pálida, pálida rosa* (1979). Una idea de la clave de su sátira nos la da el título *Patética de los pellejos santos y el ánima piadosa* (1970). La extensión de algunas obras, como *Pontifical* (1968), hace inviable su adaptación al tiempo convencional del teatro comercial. Aunque Romero Esteo quiere huir del «aburrimiento de la honorable forma pequeño-burguesa... o de la honorable forma del aburrimiento de izquierda», no siempre lo consigue.

En la obra de Luis Matilla subyace el conflicto generacional como tema recurrente. En aras de la eficacia, la vieja generación persiste en la opresión, aunque dé al traste con la dignidad. El símbolo de la vieja generación es la muerte. Así ocurre en *El monumento erecto* o en *Post-mortem* (1970). El Centro Dramático Nacional montó en 1980 *Ejercicio para equilibristas,* que contenía *El*

En su poema dramático Guernica, Jerónimo López Mozo dio vida a los personajes del famoso cuadro de Picasso, para hacer su remembranza del trágico bombardeo de la Legión Cóndor. La intervención en contrapunto de los personajes, incluidas las prosopopeyas del toro y el caballo, da la imagen del protagonista colectivo.

Una convencional representación de la realidad ha sido, para la generación simbolista, un modo de hacer abstracción de los problemas del hombre, un modo de generalizarlos.

observador. Muestra la mirada como un terrible sistema de opresión. Matilla estuvo ligado al grupo Tábano y practicó allí el teatro colectivo. Tenía esa experiencia cuando, más tarde, participó con López Mozo en la experiencia del autor colectivo que culminó en *El Fernando,* en la que intervinieron nueve autores.

Si algunos autores surgieron de grupos independientes, otros crearon los grupos. Es lo que hizo Alberto Miralles Grancha con el grupo Cátaro. Miralles es un hombre entregado en cuerpo y alma al teatro. Profesor del Instituto del Teatro de Barcelona y, más tarde, del Taller de Artes Imaginarias de Madrid, ha estado siempre al cabo de las innovaciones teatrales que se producían en Europa o América, y ha obtenido un sinfín de premios como actor, director y autor, desde el Álvarez Quintero de la Real Academia en 1976, al Rojas Zorrilla de 1984. Su nombre como autor lo dio a conocer *Primer Acto* con la publicación en 1967 de *El hombre y la guerra, espectáculo Cátaro.* Coordinó la obra, que era colectiva. Pero con *Cátaro-Colón, versos de arte menor para un varón ilustre* (1968), su intervención es más personal y nos presenta un Colón intrigante que discute, anacrónicamente, con Marco Polo y otros personajes históricos. Como ayudante de dirección de Adolfo Marsillach, creó los *happenings* de los locos de *Marat-Sade* de Peter Weiss, e intervino en unas cuantas obras más. *Cátaro-Fausto* (1981), *Crucifernario de la culpable indecisión* (1980), *Sois como niños* (1983), *El trino del diablo* (1982), *La fiesta de los locos* son obras en las que se aprecia un afán desmitificador. Se muestra cínico, a veces, y otras irónico, pero siempre crítico. Pese a las grandes libertades formales que se permite, parece a veces limitado por las posibilidades de montaje o porque las piezas vayan destinadas a un grupo determinado. En Madrid ha creado y dirigido el grupo Diablo Cojuelo.

Diego Salvador consiguió el Premio Lope de Vega de 1968 con *Los niños,* una pieza que aparenta un desarrollo realista, pero es, en realidad, un complejo simbólico de los males básicos que aquejan a la sociedad, puestos de manifiesto con el pretexto de una exposición fotográfica.

La Escuela de Arte Dramático Adriá Gual, en un espléndido montaje dirigido por Ricardo Salvat, dio a conocer *Guadaña al Resucitado* (1969) de Ramón Gil Novales. Inspirada, quizá, en *Fuenteovejuna* de Lope de Vega, actualiza problemas tan eternos como la opresión

y la explotación del hombre por el hombre. Parabólica-
mente, parece aludir a una obsesión colectiva: la posibilidad de que el régimen de Franco se sucediera a sí mismo. Alusión que aparece en algunas piezas ya citadas y
otras muchas, como *El testamento* de López Mozo, *La
curiosa invención de la Escuela de las Plañideras* de
José Pérez Casaux, o en *Golpe de Estado en el año
2.000* de Alonso Alcalde. La censura favoreció este tipo
de coincidencias temáticas ya que los autores desconocí-
an las otras piezas.

Miguel Rellán es autor de *El guerrero ciego*, premio
Talavera 1967, en la que a través de la situación de un
condenado a la última pena, logra una protesta metafísi-
ca contra la injusticia de la muerte. Eduardo Quiles define la tesis de que el libre albedrío es una ilusión, en *El
asalariado* (1969) y *El hombre-bebé* (1969).

Aunque no en capítulo especial, Wellwarth menciona
a Carlos Pérez Dann, que obtuvo en 1966 el Premio Arniches con *Mi guerra*, publicada por *Primer Acto*, que
también publicó *El insaciable Peter Cash* (1970).

En el capítulo de exiliados, estudia la obra de Martín
Elizondo, autor de unos *Actos experimentales*, y obras
largas como *La guerra y la dura escuela de los Perejo-
nes* (1966), y la obra dramática del pintor José Guevara,
a quien pertenece *Después de la esclavitud* (1966), de
claro espíritu antiamericano.

Estudio de artista,
tratamiento de pie
de Lichtenstein. *La
dispersión temáti-
ca para potenciar
un tema central es
una técnica utili-
zada por todas las
artes. Así existen
series de piezas tea-
trales breves con
un denominador
común o que des-
tacan la importan-
cia de una de ellas.*

Off *Wellwarth*

Quizá porque al profesor americano no le pareció que las obras cuadraran con su idea de *underground*, algunos autores quedaron fuera del famoso estudio.

Francisco Nieva es quizá de los más interesantes escritores preocupados por una renovación de la estética teatral. Trabajó en el Centre National de Recherches Scientifiques francés, y más allá de lo que Churchill llamó Telón de Acero. Sin embargo, su iniciación como autor dramático se produjo en 1952 con *Malditas sean Coronada y sus hijas*. Nieva señaló en su teatro dos apartados: *Teatro de farsa y calamidad* y *Teatro furioso*.

Con un lenguaje culto, que integra arcaísmos populares, logra una viveza y un dinamismo que contrasta con los períodos barrocos discursivos que a veces introduce. La ironía, la agudeza de ingenio y la brillantez léxica se unen a su desbordante imaginación para crear situaciones dramáticas. En 1971, el grupo de teatro Colibán monta en la Escuela Superior de Arte Dramático *Es bueno no tener cabeza*, y en la temporada 1975-76, José Luis Alonso monta un espectáculo con dos piezas breves, *La carroza de plomo candente* y *El combate de Ópalos* y *Tasia*. En 1981, el Teatro Estable Castellano estrena *La señora Tártara*, y en 1986, *Coronada y el toro*, en el Teatro Español.

Nieva une la ironía, la agudeza de ingenio y la brillantez léxica a una desbordante imaginación para crear situaciones dramáticas. Banqueros en acción de Remedios Varo.

Antes, en 1980, la Cooperativa de Actores Denok de Vitoria preparó, para el Festival de Teatro del Mar Menor, *El rayo colgado y la peste del loco amor*. Refiere la pesadilla de un viajero que se refugia de una tormenta en un monasterio de las Batuecas. Es una historia de monjas de la secta de los iluminados condenadas por la Inquisición, con la intervención de fuerzas demoníacas y místicos heterodoxos, escrita «con palabras de fuego y humo».

Jesús Campos es un hombre polifacético que, aunque alentó el trabajo en equipo, ha concentrado en él funciones diversas, desde la dirección a la música o la escenografía. Ha sido así al menos en montajes como *7.000 gallinas y un camello* o *Es mentira*.

Luis Riaza ha visto estrenadas bastantes de sus obras. Aboga por «un teatro ceremonial que puede atacar mejor la conciencia del espectador burgués». Para él, el teatro sustituye a la realidad, las reflexiones sobre él son reflexiones sobre la realidad, y son siempre de carácter paródico y crítico. Así es en *Retrato de dama con perrito* (1976) o en *Medea es un buen chico* (1981).

Entre los exiliados, olvidó Wellwarth a Ricardo José Morales, que sufre de un modo especial su situación de «trasterrado». Se aprecia esa situación en *Los culpables* (1964), pero, en general, se advierte un distanciamiento hacia el absurdo: *El segundo piso* o *Cómo el poder de las noticias dan noticias del poder*.

83

Teatro colectivo

La vanguardia ha tendido siempre a desmitificar lo que en teatro se ha conocido por «literario». Una forma de combatirlo fue la colectivización de la creación dramática, que interesó más a los grupos que vivían en comunidad la experiencia del teatro. La creación colectiva opera en dos campos distintos: en la producción de textos a partir de vivencias de los propios actores, y en el montaje de textos previamente seleccionados.

Con la incorporación a su trabajo de algunos métodos y ejercicios derivados, en general, del «método de Stanislawsky», los grupos independientes han fijado algunas obras a partir de improvisaciones. Parecen el resultado de un psicodrama. Así surgió *El juego de los dominantes*, con que se dio a conocer el grupo Tábano, y *Castañuela 70*, el espectáculo que lo catapultó a la fama.

La palabra no fue, sin embargo, indispensable para la creación colectiva. Los primeros trabajos de Els Joglars

El autor de vanguardia mira el mundo de forma penetrante. Intenta descubrir su estructura interna, aunque se le escape la realidad aparente. Los objetos adquieren otro sentido y la deformación satírica le sirve para descubrir otros valores.

prescindían por completo de la comunicación hablada, ya que, cuando usaban alguna frase, nunca tenía su sentido propio. Las situaciones de los *sketchs* eran comprendidas por las restantes estructuras semióticas (gestual, icónica...). Así se crearon *El Joc, Cruel Ubris* y otras, hasta que reencontraron la palabra en *La Odisea*.

Enraizado en el cante jondo, nació *Quejío*, el espectáculo colectivo con que se dio a conocer el grupo La Cuadra, que interesó al mundo entero.

Pero es la creación de montajes el aspecto en el que la creación colectiva ha sido más efectiva. Los grupos convertidos en talleres de teatro estuvieron abiertos a sugerencias y sensibilidad de sus componentes. Las piezas pueden acabar teniendo un sentido contrario, o al menos distinto del pretendido por su autor. Eso ocurría con el *Don Juan Tenorio* montado por el Caterva de Gijón, con el texto inalterado de Zorrilla. En el cementerio, doña Inés, sobre su pedestal, viste de general, y don Juan de viuda desconsolada. Intentan poner de relieve valores latentes. Eso hicieron en sus montajes Los Goliardos, Bululú, La Cazuela de Alcoy, Esperpento y Tabanque de Sevilla, Teatro del Matadero de Murcia, y tantos otros.

Teatro colectivo

Hay personajes a los que el teatro experimental ha borrado el rostro. Incluso personajes que la tradición consagró como mitos. Interior con hombre en un cajón *de S. Nevenhausen.*

9. El teatro español de los ochenta

BASTANTES DE LOS CASI CIEN DRAMATURGOS españoles que lograron estrenar en la década de los ochenta, han sido citados ya en alguna de las corrientes o tendencias en las que pueden incluirse sus obras más características.

Durante la década se afianza el teatro de autor, aunque la creación colectiva subsiste con algunos grupos de teatro independiente, entre los que hay que contar, tras su espectacular aparición, con La Fura dels Baus.

Los festivales internacionales, como el renovado Festival de Otoño de Madrid, permitieron contemplar grandes espectáculos del mundo entero, muchos de los cuales eran nuevos montajes de obras consagradas de todos los tiempos, o adaptaciones de otros géneros: *Mahabaratta* en versión y montaje de Peter Broock, *Hamlet* o *Titus Andronicus* de Shakespeare, *Macunaíma* de Mario de Andrade, *Woyzeck* de Büchner, *Ubu, rey* de Alfred Jarry, y tantos otros, junto a montajes basados en obras nuevas, como *Misterio bufo* de Darío Fo o *Wielopole-Wielopole* de Tadeusz Kantor.

Esas mismas pautas fueron seguidas por la producción nacional. Las nuevas versiones de nuestro teatro del siglo de oro tuvieron una permanencia asegurada en los escenarios españoles desde la creación de la Compañía Nacional de Teatro Clásico, bajo la dirección de Adolfo Marsillach, en 1983: *El alcalde de Zalamea* o *La dama duende* de Calderón; *El caballero de Olmedo* o *Porfiar hasta morir* de Lope de Vega; *La Celestina* de Fernando de Rojas; *El burlador de Sevilla* o *El vergonzoso en palacio* de Tirso de Molina; *No puede ser... el guardar una mujer* de Agustín Moreto..., junto a montajes españoles de obras del teatro universal. Sirvan de ejemplo *El jardín de los cerezos* de A. Chejov, *Enrique IV* de L. Pirandello, o *La loca de Chaillot* de J. Giraudoux. Se vuelven a reponer tragedias o comedias clásicas, como *Edipo, rey* de Sófocles o *Anfitrión* de Plauto, y piezas de nuestro teatro que marcaron hitos: *La malquerida* de Benavente, *La venganza de don Mendo* de Muñoz Seca o *Luces de bohemia* de Valle-Inclán.

Los escenarios españoles dieron durante esta década una panorámica general del teatro de todos los tiempos y de las novedades más audaces. Y junto a ellas se pusieron en pie viejos textos que seguían siendo novedad porque subían por primera vez al escenario, como *El público* de García Lorca, del que se vio también una versión coreográfica, o *Voces de gesta* de Valle-Inclán.

La creación dramática siguió las directrices señaladas a partir de la desaparición de la censura, y amplió su temática. El montaje de *La velada de Benicarló* de Manuel Azaña en 1981 abrió la puerta a una nueva visión de la Guerra Civil. *Las bicicletas son para el verano* (1982), galardonada con el Premio Lope de Vega, reveló al actor Fernando Fernán Gómez como autor teatral. Su enorme éxito motivó que la pieza fuera llevada al cine. *¡Ay, Carmela!* (1987) de J. Sanchis Sinesterra es una tragicomedia con la guerra de fondo y en primer plano que se convierte en una referencia obligada y populariza el nombre de su autor, que ya contaba con una amplia

El teatro español de los ochenta

Como tema recurrente que es, la Guerra Civil ha vuelto a ser motivo de inspiración. Dos obras la han situado en primer plano: Las bicicletas son para el verano *y* ¡Ay, Carmela!, *a la que pertenece la escena.*

*La leyenda negra
generada en torno
a Felipe II (abajo)
le dio fuerza dra-
mática. Carlos Mu-
ñiz actualizó el
conflicto íntimo en-
tre el rey y el padre
en su* Tragicomedia
del serenísimo prín-
cipe don Carlos, *es-
trenada en 1980.*

producción. *Las guerras de nuestros antepasados* (1989) es una adaptación de la novela de Delibes, como lo fue *Cinco horas con Mario* (1979), milenaria en representaciones. Y al tratar de versiones teatrales de obras pertenecientes a otros géneros, hay que citar la magnífica adaptación de *Las aventuras de Tirante el Blanco* de J. Martorell, hecha por Francisco Nieva, y la no menos acertada de *El lazarillo de Tormes* (1990) de Fernán Gómez, o *El señor de las patrañas* (1990) de J. Salom, sobre *El patrañuelo* de Juan de Timoneda.

El teatro histórico que plantea problemas vigentes hoy sigue siendo frecuente. Lo que demuestra que la utilización anterior de esta temática no era sólo un intento de burlar la censura. R. López Aranda estrena en 1983 *Isabel, reina de corazones*, sobre las veleidades de Isabel II, la reina castiza. Un mayor impacto causó *Contradanza* (1981) de Francisco Ors, quizá porque Pellicena interpretaba el papel de Isabel I de Inglaterra; y en este mismo ámbito se dio a conocer como dramaturga María Manuela Reina con *Lutero o la libertad esclava* (1987), que enfrentaba a dos grandes personajes históricos: Lutero y Erasmo.

Los problemas de la vida cotidiana, a veces trivializados, se descubren en la juventud, en la nueva libertad sexual y, cómo no, en las costumbres de la alta burgue-

sía. Pero la nueva situación no permite hacer una tragedia de la libertad sexual, así que serán la ironía y el humor los únicos ingredientes de la crítica social. Típicas son las tres historias que Paloma Pedrero incluye en sus *Noches de amor efímero* (1990). En esta misma línea, la ya citada Manuela Reina estrenó *Alta seducción* (1989) y *Reflejos con cenizas* (1990). Citemos también *Una hora sin televisión* de J. Salom y *Los ochenta son nuestros* (1988) de Ana Diosdado.

Una frivolidad crítica y cantante hizo su aparición con *Yo me bajo en la próxima, ¿y usted?* (1981) de Adolfo Marsillach, próxima a la ironía mordaz del teatro-cabaret. Mantenía la tradición del teatro independiente de incluir cantables en piezas no destinadas al teatro lírico-musical, que rompía, por tanto, con sus esquemas fuertemente codificados.

Durante esta década se ha conseguido descentralizar la escena con la restauración de teatros de provincias y la creación por las instituciones autonómicas de Compañías y Escuelas de Arte Dramático, fuera de Madrid y Barcelona. Se han obtenido a menudo grandes resultados. Pongamos como ejemplo el montaje de *Flor de Otoño* de Rodríguez Méndez, una producción de Teatres de la Diputació de Valencia, traída en 1982-83 al Teatro Español de Madrid.

El teatro español de los ochenta

El teatro histórico suele tratar problemas actuales, problemas eternos. Los conflictos pueden ser extrapolados, como el infante don Carlos en esta obra del Equipo Crónica titulada Alambique.

Datos para una historia

Años	Historia y sociedad	Arte y cultura
1939	La Guerra Civil ha terminado. Comienza la II Guerra Mundial.	Muere A. Machado. Se crea el Con Superior de Investigaciones Científicas.
1940	Entrevista Hitler-Franco en Hendaya. Neutralidad en la guerra.	Nace la Orquesta Nacional. Chaplin: *El g dictador.* Teatro Nacional de la Falange.
1941	Pearl Harbor. EEUU entra en guerra. Entrevistas Franco-Mussolini y Franco-Petain. División Azul.	Brecht: *Madre Coraje.* O. Wells: *Ciuda no Kane.*
1942	Desembarco aliado en África. Falangistas y carlistas se enfrentan en Begoña.	C. J. Cela: *Pascual Duarte.* Muere Mi Hernández. Nace No-Do.
1943	Caída de Mussolini. Regresa la División Azul.	Revista *Garcilaso.* Creación del Teatro dio de Barcelona.
1944	Desembarco en Normandía.	D. Alonso: *Hijos de la ira.* Revistas *Esto Literaria* y *Espadaña.*
1945	Termina la II Guerra Mundial. Se funda la ONU. España queda fuera.	Nacen el postismo y Arte Nuevo. C. La *Nada.* Casona: *La barca sin pescador.*
1946	Retirada de embajadores. Manifestación en la Plaza de Oriente. Nacen las quinielas.	Muere Falla. Revistas Í*nsula* y *Triunfo.*
1947	Ley de Sucesión. Llega a España Eva Duarte de Perón.	Instituto de Investigaciones y Experie Cinematográficas. A. Camus: *La peste.*
1949	Nace la OTAN.	A. Miller: *Muerte de un viajante.* E Vallejo: *Historia de una escalera.*
1950	La ONU levanta el bloqueo a España.	E. Ionesco: *La cantante calva.* Mani del Teatro de Agitación Social (TAS).
1951	Se crea el Ministerio de Información y Turismo.	Cela: *La colmena.* Primera Bienal His americana de Arte.
1952	España entra en la UNESCO. Desaparecen las cartillas de racionamiento.	Se crea el Premio Planeta. L. Romer noria. Mihura: *Tres sombreros de cop*
1953	Acuerdo con EEUU. Bases conjuntas. Concordato con la Santa Sede.	Festival de Cine de San Sebastián. G lla: *Los cipreses creen en Dios.* S. *Escuadra hacia la muerte.*
1954	Manifestación pro Gibraltar, español. Conflictividad estudiantil.	I Festival Internacional de Teatro de Calvo Sotelo: *La muralla.*
1955	España en la ONU.	Muere Benavente. Delibes: *Diario d cazador.*
1956	Independencia de Marruecos. Disturbios estudiantiles. Cesan Ruiz-Giménez y Fernández-Cuesta.	J. R. Jiménez, premio Nobel de Liter Muere Pío Baroja. Inauguración de TV
1957	Crisis de Gobierno en España. Los tecnócratas del OPUS al poder. Nace el Mercado Común.	Cela, académico de la Lengua. A. R Grillet: *La celosía.* Revista *Primer A* crea el Teatro de las Naciones en Parí
1958	Ley de Principios Fundamentales del Movimiento.	Mueren J. R. Jiménez y Ataúlfo Ar Arrabal: *Los hombres del triciclo.*

Años	Historia y sociedad	Arte y cultura
1959	Visita oficial de Eisenhower a España. Ley de Orden Público. Plan de estabilización económica.	Coloquio Internacional de Novela en Formentor. Premio Formentor. Estreno de *Los cuernos de don Friolera* de Valle-Inclán.
1961	Kennedy, presidente de EEUU. Aparece ETA. Encíclica *Mater et Magistra.*	Buñuel: *Viridiana.* Max Aub: *La calle de Valverde.*
1962	Concilio Vaticano II. Boda de don Juan Carlos y doña Sofía. «Contubernio de Munich».	L. Martín Santos: *Tiempo de silencio.* Buero Vallejo: *El concierto de San Ovidio.*
1963	Asesinato de Kennedy. Muere Juan XXIII. I Plan de Desarrollo.	J. Cortázar: *Rayuela.* M. Aub: *Campo del moro.* Gala: *Los verdes campos del Edén.*
1964	«25 años de paz».	Muere Martín Santos. I Festival de Ópera de Madrid.
1966	Ley Orgánica. Ley de Prensa e Imprenta. Revolución cultural china.	J. Goytisolo: *Señas de identidad.* Delibes: *Cinco horas con Mario.*
1967	Carrero Blanco, jefe del Gobierno. Estado de excepción.	García Márquez: *Cien años de soledad.* Buero: *El tragaluz.* Se estrena en España *La persona buena de Sezuan* de Brecht.
1968	Primavera de Praga. Mayo francés.	M. Aub: *Campo de almendros.*
1970	Ley General de Educación. Consejo de guerra de Burgos.	Festival Internacional de Teatro de Madrid.
1973	Asesinato de Carrero Blanco. Golpe de Estado en Chile. Terrorismo del FRAP.	Muere Picasso. Cela: *Oficio de tinieblas 5.*
1975	Muere Franco. Coronación de Juan Carlos I.	E. Mendoza: *La verdad sobre el caso Savolta.* Museo Español de Arte Contemporáneo.
1977	Legalización de los partidos políticos.	V. Aleixandre, premio Nobel de Literatura.
1978	Promulgación de la Constitución Española.	Creación del Centro Dramático Nacional.
1981	Golpe de Estado fallido el 23-F.	Delibes: *Los santos inocentes.*
1982	España ingresa en la OTAN. El PSOE gana las elecciones generales.	García Márquez, premio Nobel de Literatura. F. Fernán Gómez: *Las bicicletas son para el verano.*
1983	Expropiación de RUMASA.	Cela: *Mazurca para dos muertos.* Arrabal estrena *El rey de Sodoma.*
1986	España entra en la CEE. Referéndum OTAN.	Muere J. L. Borges. Alonso de Santos: *Bajarse al moro.*
1988	Gorbachov inicia la *perestroica* en la URSS. Huelga general el 14-D.	J. Llamazares: *La lluvia amarilla.* Se estrena *El hombre deshabitado* de Alberti.
1989	Elecciones al Consejo de Europa.	L. Landero: *Juegos de la edad tardía.* Cela, premio Nobel de Literatura.
1990	Reunificación de Alemania. Irak invade Kuwait.	Octavio Paz, premio Nobel de Literatura.
1991	Guerra del Golfo. Crisis en los Estados comunistas.	*Luz de oscura llama,* ópera sobre textos de San Juan de la Cruz y libro de Clara Janés.

Glosario

acrónico
Adjetivo utilizado para matizar hechos no sometidos a la sucesión temporal lógica. Pueden producir incongruencias en el desarrollo de una trama al romper la relación causa-efecto.

alta comedia
Comedia de salón, cuyos personajes son extraídos de la sociedad de su tiempo y pertenecen a la alta burguesía. Los temas se buscan en pequeñas historias de amor, celos y matrimonio. Sin abordar males sociales de fondo, acaban convirtiéndose en una crónica de sociedad.

anagnórisis
Reconocimiento de un personaje del que se desconocía su identidad y calidad social. Este hecho se denomina también *agnición* y no es exclusivo del género dramático.

café-teatro
Subgénero dramático que tiene como característica la brevedad de las obras y su carencia de tramoya, con lo que éstas son aptas para ser representadas entre las mesas de los cafés. Aunque algunos locales cuentan con tarimas, la proximidad de actores y público es fundamental.

catarsis
Purificación por el sufrimiento que experimentaba el héroe de la tragedia griega. Por extensión, los espectadores la sufrían también al identificarse con el héroe. Hoy, se considera efecto catártico aquél que libera el espíritu de la agresividad de las pasiones.

esotérico
Se usaba para calificar aquellos conocimientos secretos de una doctrina a los que sólo podían tener acceso los iniciados. Actualmente, se emplea para calificar a cuanto se refiere a las ciencias ocultas.

espacio escénico único
Se trata de un espacio escénico neutro en el que la luminotecnia o los elementos móviles de la escenografía caracterizan los lugares de la acción y facilitan los cambios de escena. Frecuentemente, los mueven los propios actores.

expresionismo
Movimiento estético que intenta poner de manifiesto violentamente el impulso emocional. La imagen se deforma hasta la hipérbole. En el teatro, las obsesiones pueden trasplantarse a la escenografía. Se habla de una estética del «grito» y una poética de la «visión». O. Kokoschka se propone «vivir una visión». El movimiento nace en Alemania en torno a la I Guerra Mundial.

final abierto
Hay obras dramáticas que acaban sin que el conflicto se haya resuelto, o planteando un nuevo conflicto cuya resolución queda al arbitrio de la imaginación del espectador o el lector. Son obras de *final abierto*.

happening
Del inglés *to happen*. Consiste en un «cuadro viviente en trance de crearse», en el que la improvisación es fundamental para el público, convertido en autor al mismo tiempo. Los organizadores provocan los acontecimientos y proporcionan los objetos y material que han de utilizarse, pero el desarrollo depende del público. No existen verdaderas acciones. El nombre se debe a Allan Kaprow, componente de la Action Painting (Pintura en Acción), movimiento revolucionario de las artes, encabezado por Jackson Pollock en EEUU, en 1947.

mutis
Palabra técnica invariable que indica las salidas de los personajes. La acotación «hace mutis por el foro» ordena al personaje que salga por el fondo.

peripecia

Incidente o cambio repentino de una situación que invierte momentáneamente el sentido de una acción dramática. Estas dificultades que encuentra el héroe para conseguir sus objetivos, dan interés a la trama y dejan en suspensión aparentemente el final.

SEU

Sindicato Español Universitario. Formaba parte de los Sindicatos Verticales. Hasta 1957 funcionó como sindicato universitario único. La sindicación era obligatoria.

sketch

Aunque el sentido originario de esta palabra inglesa es el de *boceto*, en teatro se da este nombre a piezas breves o ligeras, o a episodios de obras largas que guardan unidad e independencia.

teatro de ambiente

La acción invade la platea de forma que el público se ve envuelto por ella y, frecuentemente, es invitado o inducido a la participación. Es decir, se aplican técnicas propias del *happening*. Grotowsky siempre cuenta con el público como elemento actuante. En *El príncipe constante* de Calderón, concibió la escena como un quirófano, y el público presenciaba la operación/representación a manera de estudiantes o familiares del paciente.

teatro de guerrilla

Se trata de un cierto teatro de calle de carácter subversivo. Alternando escenas de textos muy conocidos, se hace referencia a problemas candentes. Si el grupo era disuelto por la policía, se reunían en otro lugar, ya concertado para continuar la representación, o se multiplicaban las escenas en diversos lugares. El nombre se debe a Peter Berg, dramaturgo del S. Francisco Mime Troup. Su director, Rony G. Davis, propuso sus fines (enseñar el cami-

no del cambio social) y su moral («Haz en público lo que haces en privado, y si no eres capaz, deja de hacerlo en privado»).

teatro de hechos

También conocido como «teatro-documento», es aquél cuyo texto incluye testimonios, documentos o crónicas que informan, de alguna manera, el desarrollo de la trama. Hace referencia a hechos reales.

teatro de urgencia

En España, se conoce con este nombre el teatro escrito para levantar la moral y afianzar las ideas de los combatientes republicanos de la Guerra Civil. Sirvió de título a la edición de una recopilación de obritas representadas en el frente por las Guerrillas del Teatro, grupos dependientes del organismo central Teatro de Arte y Propaganda, que dirigía María Teresa León.

tempo lento

El tiempo convencional de la acción dramática puede verse retardado por digresiones, partes retrospectivas, aclaraciones o acciones secundarias que postergan el desarrollo del conflicto. Lo conocemos con la expresión musical italiana de *tempo lento*.

texto principal y secundario

Distinción hecha por Román Ingarden en su libro *La obra de arte literaria*. El *texto principal* lo constituyen las palabras pronunciadas por los actores en escena, y el *secundario*, las acotaciones.

underground

Palabra inglesa que significa *subterráneo*. En su aplicación figurada a la literatura adquiere el sentido de clandestino. El profesor estadounidense Wellwarth usó este término para denominar un teatro español censurado, de carácter político, que utilizó la parábola y la alegoría para escapar de la censura.

Índice alfabético

Bibliografía

AA.VV.: *El teatro de humor en España*, Madrid, Editora Nacional, 1966.
Aragonés, J. E.: *Teatro español de postguerra*, Madrid, Publicaciones Españolas, 1971.
Díaz-Plaja, G.: *Sociología cultural del posfranquismo*, Barcelona, Plaza y Janés, 1979.
Domenech, R.: «El teatro desde 1936», en *Historia de la literatura española*, vol. IV, Madrid, Taurus, 1980.
Equipo Reseña (AA.VV.): *La cultura española durante el franquismo*, Bilbao, Mensajero, 1977.
Esslin, M.: *El teatro del absurdo*, Barcelona, Seix Barral, 1966.
García Lorenzo, L.: *El teatro español hoy*, Barcelona, Planeta, 1975.
—: *Documentos sobre el teatro español contemporáneo*, Madrid, SGEL, 1981.
García Templado, J.: *Literatura de la postguerra: El teatro*, Madrid, Cincel, 1981.
Guerrero Zamora, J.: *Historia del teatro contemporáneo* (4 vols.), Barcelona, Juan Flors, 1961-1967.
Hormigón, J. A.: *Teatro, realismo y cultura de masas*, Madrid, Edicusa, 1974
Issassi Angulo, A.: *Diálogos del teatro español de la posguerra*, Madrid, Ayuso, 1974.
Miralles, A.: *Nuevo teatro español: una alternativa social*, Madrid, Villalar, 1977.
—: *Nuevos rumbos del teatro*, Barcelona, Salvat, 1975.
Monleón, J.: *Treinta años de teatro de la derecha*, Barcelona, Tusquets, 1971.
Oliva, C.: *Cuatro dramaturgos realistas en la escena de hoy: sus contradicciones estéticas*, Murcia, Publicaciones de la Universidad, 1978.
—: *Disidentes de la generación realista*, Murcia, Publicaciones de la Universidad, 1979.
—: *El teatro desde 1936*, Madrid, Alhambra, 1989.
Ruiz Ramón, F.: *Historia del teatro español. Siglo XX*, Madrid, Cátedra, 1975.
Sanz Villanueva, S.: *Historia de la literatura española 6/2 (El siglo XX. Literatura actual)*, Madrid, Ariel, 1984.
Wellwarth, G. E.: *Spanish Underground Drama (Teatro español underground)*, traducción de Carmen Hierro, Madrid, Villalar, 1978.
Ynduráin, D. (ed.): *Epoca contemporánea: 1939-1980*, cap. 4 del tomo VIII de *Historia y crítica de la literatura española*, Francisco Rico (ed. general), Barcelona, Crítica, 1981.